15 días con
THOMAS MERTON

Director de la colección
JOSÉ DAMIÁN GAITÁN, O.C.D.

Jose Chamorro

15 días con

THOMAS
MERTON

Ciudad
Nueva

1ª edición: septiembre 2025

© Jose Chamorro García

Edición: *Ana Hidalgo*

Maquetación y diseño gráfico:
Antonio Santos

© 2025, Editorial Ciudad Nueva
José Picón, 28 - 28028 Madrid
www.ciudadnueva.es

ISBN: 978-84-9715-632-5
Depósito legal: M-19.332-2025

Impreso en España - Printed in Spain

Imprime: Podiprint - Antequera (Málaga)

A *Fernando Beltrán Llavador,*
por esa labor callada y mesurada
que revela la voz de Thomas Merton

Y a *Abdón Rodríguez Hervás,*
silencioso compañero del Camino,
peregrino y eremita de Dios

SIGLAS

AC	*Acción y contemplación*
AyV	*Amar y vivir*
AV	*Ascenso a la Verdad*
CM	*El camino monástico*
D	*Diarios 1939-1968*
DA	*Diario de Asia*
DEM	*Dirección espiritual y meditación*
DS	*Diálogos con el Silencio*
EC	*Encuentros en California*
EI	*La experiencia interior*
HC	*Humanismo cristiano*
HNI	*Los hombres no son islas*
LH	*El libro de las horas*
MSC	*La montaña de los siete círculos*
NSC	*Nuevas semillas de contemplación*
OC	*La oración contemplativa*
PS	*Pensamientos en soledad*
SJ	*El signo de Jonás*
VS	*La vida silenciosa*

CRONOLOGÍA DE LA VIDA Y OBRA DE THOMAS MERTON

1915   *31 de enero*: nace en Prades, Francia. Sus padres son Owen Merton y Ruth Jenkins.

1916   La familia se traslada a Estados Unidos y fija su residencia en Douglaston, Long Island, junto con los padres de Ruth, Samuel y Martha Jenkins.

1917   La familia se instala en Nueva York.

1918   *2 de noviembre*: nace su hermano John Paul.

1921   Muere Ruth, la madre de Tom, de cáncer. Él no puede despedirse y recibe una carta de ella. Owen, su padre, se lleva a Tom a las Bermudas.

1923   Regresa a la casa de sus abuelos en Douglaston, mientras su padre realiza un viaje por Argelia para pintar.

1925   Owen expone con éxito en las Leicester Galleries en Londres; vuelve a América, y el 25 de agosto, con Tom, se embarca para Francia y se instalan en el pueblecito de St. Antonin.

1926   Ingresa en el Instituto de Montauban, en Francia.

1928   Owen se lleva a Tom a Inglaterra, donde viven con la tía Maud Pearce y su marido Ben. Tom asiste a la Ripley Court School.

1929   Tom entra en Okham School, en Midlands.

1931   Tras una larga enfermedad, Owen muere de un tumor cerebral. Tom es un adolescente y terminará reflejando esta experiencia en sus escritos, sintiéndose terriblemente solo.

1933   Finaliza sus estudios con éxito en Oakham. Se va a Italia al día siguiente de cumplir dieciocho años. Regresa a América para pasar el verano. *Octubre*: vuelve a Inglaterra para comenzar sus estudios universitarios en el Clare College, en la Universidad de Cambridge. Ese año será para él desastroso a nivel espiritual, moral y académico.

1934   *Mayo*: deja Cambridge expulsado bajo sospecha. Vuelve a Inglaterra en noviembre con el fin de recoger los papeles necesarios para solicitar la residencia permanente en los Estados Unidos.

1935   *Enero*: ingresa en la Universidad de Columbia. *31 de enero*: cuando cumple veintiún años, queda profundamente impresionado por un curso sobre literatura del siglo XVIII impartido por Mark Van Doren.

1936   Se transforma en editor del anuario del Colegio y en editor artístico de la revista de la Universidad: *Jester*. *Octubre*: muere su abuelo.

1938   Se gradúa en Columbia. Se dirige a la iglesia del Corpus Christi para recibir formación católica.
        16 de noviembre: con 23 años, es bautizado por el padre Joseph C. Moore.

1939   *Febrero*: obtiene el grado de M. A. en Inglés (con una tesis sobre William Blake). Se instala en Greenwich Village.
        25 de mayo: es confirmado por el obispo Stephen J. Donahue con el nombre de James.
        Pasa el verano en Olean, Nueva York, en la casa de montaña de Robert Lax, junto con este y Edward Rice. Se dedican a escribir novelas.
        Octubre: por consejo de Dan Walsh solicita el ingreso en los franciscanos, y es aceptado para agosto del año siguiente.

1940   Imparte clases durante el semestre de primavera en la Columbia Extension School. En verano, el superior de los franciscanos muestra reticencias sobre su pasado y le sugiere que retire su solicitud de ingreso.
        Septiembre: acepta ser profesor en St. Bonaventure College.

1941   *Semana Santa*: retiro en Gethsemani, donde se siente profundamente conmovido.

        10 de diciembre: una vez que el P. Philotheus Boehner le asegura que no hay impedimento canónico para ser ordenado sacerdote, solicita y obtiene el ingreso en la abadía de Gethsemani.

1942   *21 de febrero*: es recibido en el noviciado con un nuevo nombre religioso: P. Mª Louis.

Su hermano John Paul es bautizado en la iglesia parroquial de New Haven, Kentucky, y recibe la primera comunión en la Abadía de Gethsemani.

1943   *Abril*: John Paul muere en acción de guerra. Tom le dedicará unas palabras en *La montaña de los siete círculos*.

1944   Merton hace su profesión de votos temporales por tres años, según la costumbre de la Orden Cisterciense.

Publica: *Thirty Poems* (*Treinta poemas*)[1]

1946   *Octubre*: envía el manuscrito de *The seven Storey Mountain* (*La montaña de los siete círculos*) a Naomi Burton, su agente literaria[2].

29 de diciembre: recibe un telegrama de Robert Giroux con la confirmación de que el manuscrito ha sido aceptado.

---

[1] Entre paréntesis, las obras con traducción en castellano.

[2] Merton siempre tuvo un agente literario, cosa frecuente en EE. UU., para gestionar la publicación de sus libros, sobre todo de los títulos más difíciles de publicar dentro y fuera de la Orden. Esto hizo que algunas de ellas tuviesen varias redacciones, pues él nunca quiso moverse al margen de la obediencia que debía a sus superiores.

1947   *19 de marzo*: realiza su profesión solemne, que supone una entrega de por vida a la Orden. Ese año también se publica *Figures for an Apocalypse*.

1948   Se publican *The Seven Stoney Mountain* (La monataña de los siete círculos); *What is contemplation?* (¿Qué es contemplación?); *Cistercian Contemplatives*; *The spirit of simplicity*; *Exile ends in glory* (El exilio y la gloria); *Guide to Cistercian life* (La vida cisterciense).

1949   Siguen las publicaciones[3]: *Seeds of Contemplation* (Semillas de contemplación), *Gethsemani Magnificat*, *The tears of the blind lions*, *The waters of Siloé* (Las aguas de Siloé), *Elected silence* (edición británica de *La montaña de los siete círculos*)
25 de mayo: es ordenado sacerdote.
Noviembre: comienza sus clases para el noviciado en la Abadía.

1951   *Junio*: es nombrado maestro de los jóvenes profesos. El 26 de junio le conceden la ciudadanía en los EE. UU.

---

[3] Hasta su muerte, en 1968, publicará una o varias obras al año, pero, para no alargar en exceso esta cronología, citamos solo los hechos más relevantes. Se puede encontrar una cronología más extensa en el *Diccionario de Thomas Merton* (Bilbao 2015) y también la que presenta Fernando Beltrán Llavador en su obra *La encendida memoria* (Valencia 2020).

1952   Sigue con la idea de hacerse cartujo o camaldulense, buscando una vida de mayor soledad, eremítica, renunciando a su vocación de escritor. Aquí comienza a tener dificultades con la censura de sus libros, especialmente con *The sign of Jonas* (El signo de Jonás), que se publica finalmente.

1953   Recibe permiso para vivir en una cabaña en los bosques que posee la Abadía. Le pondrá de nombre Santa Ana.

1955   Es nombrado maestro de novicios.

1960   *Noviembre*: se erige la casa de retiros que será la ermita de Merton.

1962   Merton, que ya se había comprometido con la lucha por la paz, recibe del abad general de los Trapenses la prohibición de escribir sobre la guerra y la paz.

1964   Visita a D. T. Suzuki en Nueva York.

1965   Se hace ermitaño, viviendo en la ermita dentro del terreno de la Abadía.

1966   Ingresa en el hospital de Louisville para ser intervenido quirúrgicamente y comienza una relación amistosa con una enfermera.

1967   *Diciembre*: se realiza en Gethsemani un encuentro con representantes de distintas órdenes contemplativas femeninas (que se repite en la primavera siguiente).

1968   *Octubre*: Merton viaja a Alaska, California y Asia.
        Diciembre: muere por accidente en Bangkok.

SOLEDAD SONORA

Ofrecer unas palabras que aproximen a la biografía de Thomas Merton es una tarea apasionante y compleja, pues siempre se corre el riesgo de dejar fuera aquello que pudo ser también definitorio y definitivo. Quizá si usamos las palabras *soledad sonora* de Juan de la Cruz, de quien Merton era profundo conocedor, podamos esbozar algo de la riqueza de su relato biográfico.

La vida de Tom, del hermano Louis en la comunidad, o Thomas Merton en el mundo literario, es la historia de un verdadero buscador espiritual que precisó de llegar al límite en su juventud para reconocer la llamada en su corazón que lo impelía a ir más allá. Fue todo un proceso salpicado de idas y venidas, de confusión y pérdida, que lo llevó finalmente a bautizarse siendo ya joven, pues en su interior se iba definiendo una inquietud con forma de pregunta para la que no hallaba respuesta en la superficialidad y las distracciones de su adolescencia.

Tras su conversión, fue conduciendo su vida de profundidad en profundidad, hasta el punto de plantearse llevar una vida religiosa cristiana en su forma franciscana, pero las huellas de su pasado no gustaron a los oídos del superior que escuchó su petición y, tras una acogida gozosa, le llegó un rechazo lacerante. Pero Tom no se detuvo, y un retiro en Gethsemani durante Semana Santa, reconfiguró su vida hasta tal punto, que se decidió por la vida monástica en la Orden Cisterciense de la estricta observancia. La Trapa lo sedujo para siempre, aunque su búsqueda de una soledad mayor no cesó, lo cual lo llevó a plantearse otras opciones, como la Cartuja o la vida camaldulense, para finalmente llevarlo a vivir como ermitaño dentro de las extensas tierras que albergaban la Abadía que lo acogió.

Recién llegado a la vida monástica, decidió escribir su propia biografía para dar cuenta de su proceso de conversión, aunque tuvo que corregir el texto en más de una ocasión por petición de su superior, pero eso no evitó que *La montaña de los siete círculos* viera la luz y que se convirtiera rápidamente en un libro afamado dentro del mundo cristiano y que, desde entonces, no ha dejado de editarse y traducirse a muchos idiomas. Tras esa obra, y desde entonces, las publicaciones de Merton se sucedieron cada año. Los libros jalonaron su vida, haciendo de su soledad una especie de faro sonoro que no dejó de sostener e integrar aparentes pares de opuestos: soledad/solidaridad, silencio/palabra, contemplación/acción, plegaria/compromiso...

Conoció y se entrevistó con muchas personalidades importantes de su momento, abarcando multitud de temas, que no solo lo llevaron a gustar las profundidades de su alma, sino a ampliar más aún el horizonte que alcanzaba a ver. Su compromiso por la paz y el diálogo interreligioso se hicieron patentes de modo progresivo. De hecho, quién iba a pensar que su vida, que ya comenzaba a ofrecer el dulzor de su madurez, iba a quedar interrumpida de un modo tan extraño.

En Oriente, que comenzaba a ser el nuevo horizonte hacia el que se había encaminado, fue donde la muerte abrió su vida a la Vida. El diálogo interreligioso, que ya comenzaba a florecer, fue su último espacio de entrega, la última aventura que emprendió y también legó.

Desde entonces, desde aquellas vísperas de la Navidad de 1968, Thomas Merton sigue sonando e iluminando con su palabra lúcida y profética, fruto de una fe que alienta el diálogo porque es semillero de una paz real.

Ojalá las citas que aquí se plasman, y el encuentro dialógico que con ellas se ha producido, puedan ayudar al lector a adentrarse en los territorios indómitos y bellos de su alma, donde la misma Llama que prendió el corazón de Merton sigue viva y dispuesta a alentar e iluminar el camino hacia el Misterio que es Vida.

PLEGARIA A MI PADRE DIOS

La oración de tus amigos en favor mío
y mis propias oraciones han tenido una respuesta:
aquí estoy en esta ermita ante ti.
Aquí me ves. Aquí me amas.
Aquí pides la respuesta de mi propio amor y de mi con-
    fianza.
Aquí me pides que yo sea simplemente tu amigo.
Ser tu amigo significa ni más ni menos aceptar tu
    amistad,
por el hecho de ser tuya.
Esta amistad es tu vida, el Espíritu de tu Hijo.
Me has llamado aquí para ser tu Hijo:
para nacer de nuevo, repetidamente, en tu luz, en co-
    nocimiento,
en consideración, en gratitud, en pobreza y en ala-
    banza.
Aquí quiero aprender de las palabras
de tus amigos a ser tu amigo.
Aquí quiero ser amigo de aquellos
entre los cuales tú me enviaste a tu Hijo.
Si he de tomar alguna decisión,
es la de vivir e incluso morir aquí.
Pero, en cualquier caso, he de pronunciar tu nombre
con confianza aquí en este lugar, decirlo estando aquí
y teniéndote a ti en mi corazón
todo el tiempo que yo pueda estar aquí.

Padre, te ruego que me enseñes a ser un hombre de paz
y a colaborar para que venga la paz al mundo.
A estudiar aquí la verdad y la no violencia
y la paciencia y el valor de sufrir por la verdad.
Envíame tu Santo Espíritu, úneme con tu divino Hijo,
y que yo sea uno contigo en Él, para tu mayor gloria.
Amén.

(D, p. 174)

PARTIR PARA REGRESAR

¡Qué transformación produjo eso en mi vida! Ahora, por último, Dios se había convertido en el centro de mi existencia. Le había bastado esta decisión mía para hacerlo así. Aparentemente, en mi caso, tenía que ser de esta manera.

No tenía aún una formación espiritual formal, pero iba frecuentemente a confesarme, en especial a la iglesia de San Francisco, en donde se inclinaban más a darme consejo que los sacerdotes seculares (MSC, p. 291).

Todo comienza con una decisión, con un ejercicio libre de la voluntad, con el hecho de brindarse a uno mismo la oportunidad de un Encuentro que acontece en otro lugar, en el hondón del alma, como lo llamara el Maestro Eckhart. El momento de la conversión tiene que ver justamente con eso, con advertir que hay Algo, Alguien que nos convoca para vivir de otro modo mucho más pleno que el que podemos estar viviendo hasta ese momento.

A Thomas Merton la conversión le llegó en su juventud, cuando había explorado la vida hasta los límites de la diversión, donde la vida puede perderse con excesiva facilidad. La dispersión, que tiene que ver justamente con llevar la atención hacia fuera, es otro de los síntomas que revelan la enfermedad inconsciente que padecemos en nuestro mundo. Tal vez solo sea en los límites donde podemos colocarnos en lo liminal de otra vida, quizá sea ahí donde puede acontecer la experiencia que nos haga salir de donde estamos para poder regresar a lo que no estamos viviendo, a eso que somos y que negamos en aras de ser otro diferente.

Tomarse un tiempo para reflexionar sobre la situación en la que cada cual vive jamás es tiempo perdido, sino que es la mejor oportunidad para darle la bienvenida a ese hombre nuevo que vive tras la máscara que hemos ido elaborando con los años. Pero nada sucede sin más, a menos que tomemos una decisión, como Merton hizo, a menos que digamos «sí» a lo que se nos está brindando en cada momento, más allá de nuestros intereses y complicaciones, con las que adornamos y empobrecemos nuestra vida.

Para esta aventura interior no hace falta saber muchas cosas, no es cuestión de tener gran formación o grandes conocimientos, sino una actitud discipular, esto es, estar dispuesto a asumir una disciplina, una dinámica vital armónica que propicie la transformación que solo Dios puede obrar. Sobre ello iremos hablando a lo largo de este libro, con objeto de ofrecer hitos que aporten claridad y que faciliten los pasos que cada uno, a su ritmo, debe ir dando.

Pero ¡qué cosa era, esa conciencia! ¡Era tan intangible! Y, sin embargo, me hirió como un rayo. Era una luz tan brillante que no tenía comparación con ninguna luz visible; tan profunda y tan íntima que parecía como una neutralización de cualquier otra experiencia menor.

Sin embargo, lo que más me impresionó fue que esta luz era, en cierto sentido, «ordinaria» ... Era una luz (y esto es lo que me suspendió el aliento) que se ofrecía a todos, a todo el mundo, y no había fantasía ni cosa extraña en ella. Era la luz de la fe intensificada y reducida a una claridad extrema y súbita (MSC, p. 311).

La claridad que irrumpe en uno mismo cuando se tiene una certeza es difícil de explicar. Lo cierto es que, en ese preciso instante, uno sabe qué ha sucedido. Normalmente son las situaciones que nos ponen contra las cuerdas en la vida las que logran que «esos ojos» se abran y salgan de la somnolencia en la que habían caído como consecuencia de las dinámicas rutinarias de la vida. Esa conciencia de la que habla Merton es la que permite advertir que andamos tan lejos de nosotros mismos que debemos retomar el camino de vuelta a casa, que –paradójicamente– está dentro de cada cual. Un camino muy similar al que tuvo que emprender el hijo menor de la famosa parábola del hijo pródigo para retornar arrepentido a casa de su padre.

Cada vez que uno se brinda la oportunidad de detener la marcha de su vida y deja un tiempo para sí mismo, que no es distinto del tiempo que nos brinda Dios, para reflexionar, para advertir cuáles son las prioridades a las que atiende en detrimento de aquellas otras esenciales, está permitiendo al Espíritu iluminar su vida. Y, cuando esto tiene lugar, todo se empieza a recolocar, todo se resitúa desde una lógica que adviene como una bendición insospechada.

Ya lo señalaba Merton en las últimas líneas de esa cita autobiográfica: no se trata de algo extraordinario, sino más bien ordinario. No es algo que venga envuelto de cualidades sobrenaturales, sino que es un efecto como consecuencia de una apertura, de ofrecer el espacio que la fe requiere para que Dios penetre en nuestra vida y nos abra los ojos.

La angustia de este autoconocimiento es ineludible incluso en la tierra, mientras quede en nosotros algún amor propio; porque es el orgullo el que siente el ardor de esa vergüenza. Solo cuando todo el orgullo, todo el amor propio ha sido consumido en nuestra alma por el amor de Dios, nos vemos liberados de lo que es objeto de esos tormentos. Solo cuando hemos perdido todo el amor a nosotros mismos por nuestro propio bien, los pecados cometidos dejan de ser motivo de sufrimiento, o de angustia, o de vergüenza (MSC, p.323).

Es justamente este amor propio que Thomas Merton nos indica el que nos nubla la vista y nos hace creer que estamos bien, que las dificultades, los extravíos o los sufrimientos que pueden asolarnos son temas que vienen de fuera y que, por tanto, la responsabilidad no es nuestra. Abrir los ojos solo es posible si salimos de donde estamos instalados, si abandonamos la zona de confort que no nos permite mirar más allá de nuestras creencias, a las que nos hemos aferrado. Tomar conciencia, darnos cuenta de nuestras limitaciones autoimpuestas es la oportunidad que esperábamos para iniciar el cambio que anhelamos en lo más profundo.

Nos liberamos de nuestros tormentos internos si somos capaces de reconocer que estábamos equivocados. Una equivocación que requiere responsabilidad, esto es, ser capaces de responder a la realidad de un modo más humilde, que permita al mismo tiempo reconocer nuestra fragilidad. Vulnerabilidad que nunca es motivo de vergüenza, sino que más bien es una oportunidad para reconocer la horizontalidad que nos une. Todos nos podemos equivocar, y cada vez que esto sucede, se nos otorga también un regalo, la posibilidad de aprender de nuestros errores.

Tras esto lo que hay es un amor diferente que no está autorreferenciado –*egocentrado*, si se prefiere–, que no se defiende ni se erige frente a los demás, sino que asume la realidad con sus luces y sus sombras, sus virtudes y defectos. Desde aquí la vida comienza siempre de nuevo, mucho más afable, comprensiva y atenta.

El monasterio es una escuela en la que aprendemos de Dios a ser felices. Nuestra felicidad consiste en compartir la felicidad de Dios, la perfección de su ilimitada libertad, la perfección de su amor.

Lo que ha de curarse en nosotros es nuestra verdadera naturaleza, hecha a imagen de Dios. Lo que tenemos que aprender es el amor. La cura y la enseñanza son una misma cosa, pues en el mismo núcleo de nuestra esencia estamos constituidos a semejanza de Dios por nuestra libertad, y el ejercicio de esa libertad no es otra cosa que el ejercicio del amor desinteresado (MSC, p. 409).

Nuestro monasterio se halla en nuestro corazón, justo en ese lugar al que hay que regresar para encontrarnos con nosotros mismos, en ese espacio sagrado donde Dios pronuncia nuestro nombre. Ahí es donde podemos descubrir el sentido de la dicha, de la felicidad auténtica. Adentrarnos posibilita la transformación que anhelamos, el amor que deseamos y que, una vez descubierto, dinamiza nuestra vida desde otra lógica gratificante que no nos encierra en nosotros mismos, sino que se hace camino de encuentro.

Tras la lectura, ¿qué te queda..., qué te hace pensar..., qué vislumbras...?

Oración

Tú conoces mi alma. Tú sabes todo lo que es preciso hacer en ella. Hazlo a tu modo. Atráeme a ti,

*Dios mío. Lléname de puro amor a ti solo. No per-
mitas que jamás me aparte del camino de tu amor,
Muéstramelo con claridad y no me dejes nunca aban-
donarlo: bastará con eso. Lo dejo todo en tus manos*
(DS, p. 45).

EL ALMA DE PAR EN PAR

Cuando el Misterio irrumpe en la vida del ser humano, ya nada vuelve a ser como era, nada puede regresar ni a la forma ni al lugar en el que estaba. Se trata de un cambio radical, de una *metanoia*. Este vocablo, que remite a la experiencia de conversión y transformación, tiene que ver con mirar más allá de las lógicas desde las que nos miramos y observamos el mundo. Un más allá que coloca su centro en lo más profundo del ser humano, en su alma. Ese corazón del corazón donde puede acontecer un Encuentro.

Quizá pueda parecer extraño al lector ese descenso que señalo, pero también se podría comprender como una apertura más amplia, esa capacidad que deja el alma de par en par, a la intemperie de la Vida, de Dios.

Una de las paradojas de nuestra época, que hasta ahora no se ha distinguido como una Era de la Fe, reside en que millones de hombres a quienes les resultó imposible creer en Dios, han sometido ciegamente su fe humana a cualquier charlatán con acceso a una imprenta, a una pantalla de cine o a un micró-

fono. Hombres que no pueden creer en la palabra revelada de Dios engullen cualquier cosa que leen en los periódicos (AV, p. 39).

Thomas Merton, consciente de que a la Fe le había llegado su gran momento, hasta el punto de señalar que este era su tiempo, su Era, advierte que en un momento de incredulidad uno puede agarrarse a lo primero que encuentra y que le prometa alguna suerte de liberación, felicidad o bienestar. Ya entonces –y más hoy, sobre todo gracias a la difusión que la co- municación ha adquirido por multitud de medios– era fácil distraerse y caer en mediocridades que solo alimentan el ego y que, al replegarlo sobre sí mismo, lo blindan al tiempo que lo desconectan de la realidad inmediata en la que desarrollamos nuestra existen- cia.

Es muy elocuente y profético Merton, que ya a mediados del siglo pasado, cuando escribió estas le- tras, reconocía la sed que el ser humano alberga y que, para intentar saciarla, puede beber toda suerte de líquidos que, lejos de eliminarla, la acrecientan mucho más. A menudo, las noticias y la multitud de propaganda espiritual prometen una vida edulcorada que pone en riesgo la salud interior de la persona.

La verdadera respuesta a la sed que albergamos pasa por el reconocimiento de un Agua que es de otra naturaleza, que posee otra frescura, que está Vi- va. Y para poder advertir dónde se encuentra es ne- cesario disponer nuestra vida desde la fe, esto es, des- de la capacidad para acoger lo que Dios nos da a

31

cada instante cuando dejamos abiertas las puertas del alma. Vivir desde aquí nos sitúa en la lógica del don desde la cual nuestra vida es agraciada.

La palabra de la fe es lo que suscita vida espiritual en el creyente. La palabra, dice san Pablo, está muy cerca de nosotros, o bien ha sido «plantada» como una semilla de mostaza en nuestro corazón. Esta plantación inicia una actividad interna que desemboca en un «nuevo nacimiento», es decir, la transformación espiritual fundamental de la cual emerge un nuevo ser interior, una «nueva criatura», unida con Cristo mediante la fe (AV, p. 51).

Este ser interior, este vivir desde el alma, desde la interioridad, no tiene nada que ver con el aislamiento ni con llevar una vida apartada del mundo, sino con reconocer la necesidad que tenemos de encontrar la verdadera Respuesta a la pregunta que somos. La fe nos permite brotar de nuevo a la existencia desde otro lugar, desde una confianza que, como una hermosa flor de primavera, se abre al mundo para dar el sentido de su vida: su fragancia, color y forma, su don. Esa es la nueva criatura que, si bien se percibe exteriormente como la misma, interiormente se halla colocada en otro lugar que no solo la define, sino que también vertebra su identidad.

Esta nueva manera de vivir que la fe nos profiere está estrechamente vinculada con Cristo, con ese modo profundamente humano y divino que Jesús de Nazaret nos desveló a lo largo de la historia. Situar la propia existencia desde su manera de estar en el mundo, siendo Él en nosotros, permite la cristificación a la que todos estamos invitados por ser hijos en el Hijo.

Ahondar en este Misterio conlleva sencillez y confianza, pues se trata de un camino por recorrer que no solo nos sitúa, sino que también nos ofrece una dirección. Horizonte que, si bien incardina nuestra vida, jamás podremos poseer en cuanto confín que es. La fe –esa apertura alegre, confiada– connota nuestra vida de interioridad, bendiciéndola permite que emerja la dimensión espiritual que nos constituye, pues el simple reconocimiento de algo no solamente propicia su existencia, sino que además posibilita un nuevo modo de relación.

Pero Merton, en la obra que nos guía en este segundo capítulo, no deja de preguntarse y de hacer que también nosotros nos preguntemos.

¿Qué es esta nueva vida? Es la presencia sustancial de Dios. Más todavía, es una nueva y especial presencia de Dios que, mediante su poder, presencia y esencia, sustenta el ser de todas las cosas. Esta nueva presencia es espiritual. ¿En qué consiste? Ya lo hemos descrito. Dios está presente en su propia luz y su propio amor. Mediante la fe, la esperanza y la caridad, Dios se vuelve objeto de una experiencia potencial en las profundidades del alma, pues por la gracia Él confiere a las facultades el poder y el deseo de poseerlo en la íntima conciencia de nuestra unión con Él por el amor. Se revela dentro del alma como el objeto de su profundo anhelo (AV, p. 258).

¿De qué nos habla este monje cisterciense? De la presencia real de Dios, que no solo es reconocible, sino que es una experiencia que empodera y dinamiza nuestra vida con un nuevo ánimo. Esa luz que Dios nos otorga y que vuelve diáfana y clara nuestra percepción de la realidad no nos aleja de ella, sino que nos acerca más, pues dispone el corazón a acoger y también a entregarse. La vida interior alimenta y alienta esa llama dándonos lucidez y calidez, claridad y amor, exactamente las cualidades que definen el ser de Dios.

Lo sorprendente es que no hay que hacer nada, sino que más bien hay que no-hacer, esto es, permitir que el Misterio se diga y se exprese en nuestra vida desde su gracia. La fe es la llave que abre la puerta del alma para situarla justamente en este umbral donde ya no ansiamos buscar, pues nos reconocemos encontrados.

La fe pura, perfeccionada por los dones del Espíritu Santo, y, sobre todo, trasfigurada por la caridad, surge en las profundidades del alma y le hace beber, en secreto, las aguas de la verdad divina. Estas aguas no son solo testimonios sobre Dios, sino que son la exacta presencia de Dios mismo. Pero desde el momento en que nuestra contemplación trasciende los conceptos claros, desde el momento en que la inteligencia ingresa a esta divina oscuridad, nuestro conocimiento de Dios es dominado por el amor y fluye desde el amor (AV, p. 265).

Esta fe, desnuda de toda entelequia, de todo control racional que desea apresar la realidad bajo sus categorías, es la que posibilita la transfiguración, esa *metanoia* que apuntábamos más arriba y que no queda limitada a un cambio interior, sino que de algún modo es captada por aquellos que nos salen al encuentro. Cuando uno vive desde esa oscuridad luminosa, la paz se convierte irremediablemente en un don que no solo es vivido interiormente, sino que además modula nuestro modo de estar en el mundo, pues la confianza que brota de la fe nos ha hecho esclavos de la libertad que Dios nos da.

Sabemos que estamos anclados en la fe porque el amor de Dios fluye a través de nosotros mismos. Un amor que no elimina la fragilidad que nos es propia, sino que permite que la vulnerabilidad se convierta en clave relacional que despierte una compasión verdadera por todo y por todos. Un amor que nos profiere el descanso sereno que adviene cuando sentimos que fuimos amados desde el principio de nuestros días.

Tras la lectura, ¿qué te queda…, qué te hace pensar…, qué vislumbras…?

Oración

Enséñame cómo se va a ese país que está más allá de toda palabra y de todo nombre. Enséñame a orar a este lado de la frontera, aquí donde se encuentran estos bosques. Necesito que tú me guíes. Necesito que tú muevas mi corazón. Necesito que mi alma se purifique por medio de tu oración. Necesito que robustezcas mi voluntad. Necesito que salves y transformes el mundo. [...] Necesito ser tu monje y tu hijo. Es preciso. Amén (DS, pp. 141).

JUSTO CUANDO AMANECE

La apertura del alma, la expansión de la fe como una llama silenciosa siempre conduce a un nuevo amanecer, a un despertar interior que deja la vida a la intemperie. Justo en ese instante donde la fe queda al raso, la esperanza florece. Se podría decir que este es el primero de los regalos que trae consigo el lograr disponer la vida desde una confianza radical. De hecho, esta experiencia es en sí misma símbolo de una nueva libertad que hasta ese momento era desconocida.

No somos perfectamente libres sino hasta que vivimos en esperanza pura: porque cuando nuestra esperanza es pura, ya no confía exclusivamente en medios humanos y visibles, ni descansa en ningún fin visible. El que espera en Dios, confía en que Dios, a quien nunca ve, le conduzca a la posesión de cosas inimaginables (HNI, p. 34).

Nuestro apreciado hermano Louis, nuestro querido Thomas Merton, como se lo conoce en sus escritos, pone en relación la libertad con la esperanza, porque es la confianza la que las conecta entre sí, es la fe la que permite poder elegir, sabiendo que, en el fondo, lo que llega goza de la bondad de Dios, esto es, es radicalmente bueno. Esto supone dar un paso más y, por tanto, no esperar que nada de lo que venga tenga que corresponder con algo que hemos podido pensar.

Hablar de esto requiere, como digo, de una confianza que no es especulativa, sino consecuencia de una vivencia real y concreta y, por otro lado, del reconocimiento de la acción de Dios en la propia vida. Pero, evidentemente, no se puede advertir dicha acción a menos que nuestra vida esté ubicada bajo las coordenadas que sitúan la fe como pilar fundamental desde el cual se vive. Si la fe es una suerte de pilar maestro, la confianza es el suelo sobre el que este se apoya.

Para configurar este modo de vivir, desde esa esperanza pura, es pertinente que nos demos cuenta de en qué hemos depositado esas pequeñas confianzas inconscientes que sueñan con ser respuesta a la necesidad honda que tenemos, al anhelo profundo que albergamos.

La esperanza nos priva de todo lo que no es Dios, para que todas las cosas puedan servir a su verdadero fin, como medios para llevarnos a Dios.

La esperanza es proporcional al desprendimiento. Ella lleva nuestra alma al estado del más perfecto desprendimiento. Al hacerlo así, restaura todos nuestros valores, colocándolos en su orden adecuado. La esperanza vacía nuestras manos para que podamos trabajar con ellas; nos muestra que tenemos algo por

qué trabajar; y nos enseña cómo trabajar con ese
algo (HNI, p. 35).

Es muy clarificadora la relación que hace Merton
entre esperanza y desprendimiento, pues si andamos
aferrados a nuestras cosas o enfrascados en nuestros
pensamientos, no podemos dejar que la esperanza
empape nuestra vida. La esperanza es apertura hacia
un horizonte de confianza que deja sosegada la vida
presente, no hay inquietud alguna ni ansiedad por
lo que pueda suceder.

El desprendimiento necesita lucidez, honestidad
por nuestra parte, para ser capaces de ponerle nombre a eso que bien nos ata o bien está condicionando
nuestra vida hasta límites insospechados. Pero está
claro que si logramos poner conciencia sobre ello, el
resultado será liberador y permitirá recolocar nuestros intereses y prioridades bajo un nuevo orden. Comenzar a desprendernos y liberarnos de algunos con-
dicionamientos permitirá que podamos atendernos
para atender, cuidarnos para cuidar, comprendernos
para comprender.

La fe que me dice que Dios quiere que todos los
hombres se salven tiene que ser completada por la es-
peranza de que Dios quiere que yo me salve, y por el
amor que responde a su deseo y pone a mi esperanza
el sello de la convicción [...] La esperanza no busca
solo a Dios en sí, no solo los medios de alcanzarlo,
sino que busca, en último término y sobre todo, la glo-
ria de Dios revelada en nosotros (HNI, pp. 41-42).

Merton lo deja claro en este texto: no puedo atender al otro si no me atiendo yo, no hay comprensión del otro si no hay autocomprensión. Esto no tiene nada que ver con obviar la realidad que está frente a nosotros, sino que está relacionado con la importancia que tiene saber que nadie da lo que no tiene, nadie puede ofrecer aquello que no pudo darse a sí mismo.

Los otros y yo estamos vinculados, conectados por una historia común que tiene su raíz en la libertad que Dios nos dio como hijos suyos. Desde ahí emerge la dignidad, que debemos preservar y cuidar como don que nos hermana. Por ello, la salvación es una cuestión que nos interpela, nos compromete y nos hace sensibles a toda la realidad sin excepción.

La esperanza nos sitúa ante la realidad desde una sensibilidad nueva, diáfana, abierta y confiada. Podríamos decir que es el tono desde el cual vivir para asegurarnos de que la búsqueda del Dios de Jesús, ese que san Agustín dijo que estaba más cerca de nosotros que nosotros mismos (*Confesiones*, III, 6, 11), pueda darse e intuir así esa gloria de Dios que se revela en cada ser humano y en toda la comunidad de la vida. Por esto mismo no podemos quedarnos en creer que esto es una cuestión meramente individual, sino que tiene que ver con los demás, con lo que juntos construimos, desplegamos y co-creamos en la Historia.

En este tercer día de itinerario mertoniano se hace indispensable valorar la fuerza que la esperanza ejerce en nosotros para saber si tenemos ese tono necesario para vivir desde la bienaventuranza con la que Dios ha agraciado nuestra vida.

Todos tenemos una vocación, todos somos llamados por Dios a compartir su Vida, su reino; cada uno es llamado a un lugar especial en el Reino. Si encontramos ese lugar seremos felices. Si no lo encontramos, nunca podremos ser completamente felices. Para cada uno de nosotros solo hay una cosa necesaria: cumplir nuestro destino según la voluntad de Dios, ser lo que Dios quiere que seamos [...] Todo hombre tiene la vocación de ser alguien; pero entender claramente que para cumplir esta vocación él puede ser solo una persona: él y nada más (HNI, pp. 131-133).

Necesitamos reconocer la llamada singular que cada cual alberga dentro de sí. Lo que está en juego no es más que la posibilidad de una felicidad real, y no el mero contento que profieren los sucedáneos con los que solemos atracarnos. Lo que se persigue es lograr que la esperanza, una vez florecida, sazone y logre tornarse en un fruto maduro, la felicidad radical que Dios quiere para todos.

El interés de la cuestión tiene que ver exclusivamente con nuestra vida, con la oportunidad de advertir aquello para lo cual hemos nacido, el don y la singularidad personal que, una vez reconocido, solo puede ser compartido y entregado. En este proceso no cabe la imitación, el querer emular a nadie, pues esto solo daría lugar a equívocos y generaría una frustración que echaría a perder nuestra biografía.

Hoy, en medio de la prisa y la inmediatez, podemos ser atropellados por reclamos que solo confunden. Por ello, apenas nos queda parar, confiar en ese otro ritmo sereno que propicia el reconocimiento de la voz interior que verdaderamente guía nuestra vida y que nos convoca a una plenitud que solo se alcanza cuando permitimos que emerja desde lo profundo.

Sin embargo, señala Thomas Merton en la obra que venimos citando, *el hombre que pierde el sentido de su destino personal y que renuncia a toda esperanza de tener alguna clase de vocación en la vida ha perdido toda esperanza de felicidad o ha recibido alguna vocación misteriosa que solo Dios puede entender [...] La vocación de cada uno de nosotros está determinada por la necesidad que tienen de nosotros los demás y la necesidad que nosotros tenemos de los demás y de Dios* (HNI, pp. 138-139).

Responder a la vocación no es algo para uno mismo, sino que, como venimos apuntando, está estrechamente relacionada con los demás. La felicidad personal auténtica es relacional, dialogal, y adquiere todo su sentido cuando puede ser compartida.

Tras la lectura, ¿qué te queda..., qué te hace pensar..., qué vislumbras...?

Oración

Señor, Dios mío, no tengo ni idea de adónde voy. No veo el camino que tengo por delante. No puedo saber con certeza dónde va a terminar. Tampoco me conozco realmente, y el hecho de que crea que estoy cumpliendo tu voluntad no significa que de verdad lo haga. Pero creo que el deseo de agradarte de hecho te complace.

Y espero tener ese deseo en todo lo que hago. Espero no hacer nunca nada aparte de tal deseo. Y sé que si obro así, me guiarás por el camino recto, aunque yo no lo sepa. Por eso confiaré siempre en ti, aunque parezca perdido y a la sombra de la muerte. No temeré, pues siempre estás conmigo, y nunca dejarás que me enfrente solo a los peligros (PS, p. 91).

TRANSPARENCIA DEL CORAZÓN

Si el monje fuera capaz de entender lo que ocurre en su interior, podría decir cuán bien sabe que la batalla se libra en su propio corazón. (VS, p. 16)

En esta cita, ubicada justo al final del prólogo de la obra citada, Thomas Merton está hablando de la vida que tiene que ver con el monacato o lo monástico. Si el lector no posee dicha vocación, tal vez le pueda parecer que esta cita le sea del todo ajena, pero invito a mirar más allá y considerar la figura del monje como un arquetipo que tiene que ver con toda persona que anhela vivir en unión con todo, esto es, consigo mismo, los otros, la naturaleza y Dios. Podríamos decir que su vocación es, en palabras de Raimon Panikkar, cosmoteándrica. Quizá justamente por ello diga nuestro monje cisterciense que *Dios está al mismo tiempo como dijo uno de los Padres, en todas partes y en ninguna* (VS, p. 17).

La fe y la esperanza, sobre la que profundizábamos el día anterior, nos conducen al reconocimiento de ese anhelo que nos lleva a emprender la marcha, realizar esa búsqueda interior que nos conduzca hasta Dios. *Busca a Dios no mediante la especulación, sino*

*por un camino donde es más fácil hallarlo: la senda
oscura y secreta de la fe teológica* (VS, p. 18).

La senda es oscura, porque no hay certezas a las
que uno pueda aferrarse, sino solo el impulso y el deseo de beber el agua que mana de la Fuente, pues este
anhelo no es más que el señuelo de la llamada que la
Fuente hace en el corazón de cada ser humano. La fe
nos abre los ojos del corazón para llevarnos a tientas,
pero con presteza, hasta ese umbral que es liminal,
que nos deja en el quicio, donde ya solo el mismo
Dios es quien puede salir a nuestro encuentro.

El monje busca dar respuesta al deseo humano
que alberga, y el camino no lo saca del mundo en el
que está, sino que lo conduce hasta lo más íntimo de
sí, hasta su propio corazón. Pero llegar hasta ahí requiere de fe, como ya hemos indicado, y de cierto
ejercitamiento, de un tipo de ascesis no penitencial
sino vital. Fe para entregarnos a esta ascesis sin re-
paros, con ilusión y entusiasmo, dejando nuestros
pequeños intereses mundanos de lado, porque Eso
otro, como dice el Evangelio, merece que se venda
todo lo que se tiene para comprar esa otra porción
de tierra donde se halla el tesoro que anhelamos.

*Exige la renuncia de nuestras luces, de nuestra
prudencia, de nuestra sabiduría y de todo nuestro
«ser» con el fin de vivir dentro de su Espíritu y mediante Él. «Quien está unido con el Señor –dice san
Pablo– es con Él un mismo Espíritu» (1 Co 6, 17)*
(VS, p. 19).

Aparentemente puede parecer que renunciar puede ser un problema, pero el abandono que se torna entrega siempre da fruto a su tiempo. De hecho, lo que hacemos es descentrarnos de nosotros mismos para recentrarnos en el Misterio amoroso que es Dios mismo. Su presencia en nuestra vida nos configura desde una humildad amable y una confianza obediente que nunca resta, sino que más bien despliega esas virtudes en nuestra vida para vaciar nuestro ego.

El ejercicio de este abajamiento que conlleva la humildad, y este cambio de la intención personal a la confianza en la gracia, despeja nuestro interior permitiendo que podamos vivir desde el corazón, esto es, desde ese lugar profundo donde brota la verdadera alegría.

La *puritas cordis* o pureza de corazón, su transparencia, fue uno de los grandes temas que desarrollaron los padres y madres del desierto. Merton recoge esta herencia monástica, reflexiona sobre ella y nos la ofrece, porque sabe que posee la sabiduría necesaria para reencantar y resituar nuestra vida desde Aquel del que nos hemos fiado.

La victoria de la humildad monástica es la plena aceptación de la acción oculta de Dios en la flaqueza, vulgaridad e insatisfacción de nuestra vida diaria. Es la aceptación de nuestro estado incompleto con el fin de que Dios pueda completarnos a su manera. Es la alegría de nuestro vacío, que solo puede ser llenado por Él (VS, pp. 22-23).

La alegría de nuestro vacío, dice Merton; y quizá pueda resultarnos contradictorio, pues lo que solemos hacer, justamente, es llenarnos de todo tipo de cosas para no tener experiencia de dicha oquedad interior, que de algún modo nos inquieta y asusta. Pero la pregunta que podemos hacernos es bien sencilla: si no nos vaciamos de nosotros mismos ¿cómo nos vamos a llenar de la inmensidad tierna y entrañable de Dios? Su alegría es la consecuencia inevitable del sabernos completos en Él, desde Él y por Él.

Aligerar el corazón está relacionado también con abandonar toda suerte de fantasías que hemos creado y desde las que vemos y vivimos la vida. Cuando las soltamos, dejamos que la realidad nos alcance, y cuando esto sucede, le brindamos espacio al Misterio. Señal inequívoca de que esto se da es esa sensación curiosa y, tal vez, extraña que se torna en una reflexión que despierta toda suerte de preguntas sobre el porqué de tantas cosas de la vida y del mundo. Cuando nos descentramos, cuando el corazón se dignifica por la sencillez, se hace disponible para servir mejor, para darse en lo que corresponda, para entregarse.

Juan Casiano, insigne padre del desierto, desde quien Merton aborda el tema de la pureza del corazón, decía que «con el fin de obtener esta pureza del corazón debemos hacer todo cuanto podamos hacer y buscar todo cuanto podamos buscar». Desde aquí se comprende que el monje buscara la soledad, el ayuno o las vigilias, tan solo desde aquí se entiende que nosotros también busquemos tiempos de silenciamiento y soledad para hondar más en nosotros mismos, para poder partir al Encuentro que anhelamos.

Si hallamos que cuando no podemos ceñirnos a nuestro plan de observancia nos entristecemos, nos encolerizamos, nos indignamos o nos alteramos, significa que buscamos estas cosas por sí mismas, y que por lo tanto perdemos de vista nuestro verdadero objetivo, que es la pureza del corazón. Pues, en este caso, las prácticas que seguimos no purifican nuestro corazón de sus pasiones egoístas, sino que fortalecen estas mismas pasiones en nuestra alma (VS, pp. 27-28).

Thomas Merton nos da una clave perfecta para saber si estamos buscando aquello que buscamos por nuestro propio interés o bien lo hacemos para dejar que Dios se diga en nosotros. Las reacciones que él señala en estas palabras son claros indicios de que algo no está donde debería o, si se prefiere, de que no estamos donde supuestamente decimos que queríamos estar. De hecho, la exasperación o el enfado son claros síntomas de que algo no se corresponde con lo esperado por nosotros, con lo cual ya sabemos que estamos siendo nosotros mismos nuestra propia medida.

La claridad, la transparencia del corazón que deseamos solo es posible cuando abandonamos nuestra determinación y la rigidez, que no deja espacio alguno a la voluntad de Dios. Si mantenemos el corazón oscurecido –o, como se decía antes, «impuro»–

por los miedos, la ansiedad, la duda o cualquier tipo de conflicto, no podremos vivir desde Aquel que nos llama, ya que «nuestras cosas» son la razón de nuestra esclavitud, que no nos permite vivir desde la libertad que brota del corazón que se abre a la gracia y que sabe de Quién se ha fiado.

La pureza del corazón, el amor perfecto, es el comienzo de la unidad interior del monje. ¡Libre de ilusiones y proyectos egoístas, salvado de la penosa necesidad de servir a su inexorable voluntad, el monje comienza a ver cuán dulce es el yugo del servicio de Cristo y cuán ligera es la carga de la libertad divina. Sus ojos están abiertos, y por primera vez comienza a verse y a ver a los demás tal como son (VS, pp. 35-36).

Lo que es para el monje es para cada ser humano, decíamos al principio. Y lo repetimos al final de este cuarto día. Es bueno y necesario advertir que no se trata solo de uno mismo, sino que lo que está en juego son también los demás. La búsqueda nos conduce al encuentro, no al aislamiento. Lo que alcancemos cobrará su sentido en la medida en que lo compartamos. La gracia que florece en el corazón se tornará en un fruto que, una vez maduro, será delicia de cualquiera. Esta es la entrega que nos vincula más aún con Cristo, espejo de Dios para el ser humano.

Tras la lectura, ¿qué te queda…, qué te hace pensar…, qué vislumbras…?

Oración

Han pasado los meses y tú no has disminuido ninguno de esos deseos, pero me has dado paz, y empiezo a ver qué es lo importante de todo. Empiezo a comprender.

Porque tú me has llamado aquí no para llevar una etiqueta por la que pueda reconocerme y encajar en alguna categoría. No quieres que piense lo que soy, sino lo que tú eres. O más bien, no quieres siquiera que piense mucho acerca de nada en particular, pues tú me elevarás sobre el nivel del pensamiento. Y si siempre intento comprender lo que soy y dónde estoy y por qué soy, ¿cómo se realizará esa obra? [...] (MSC, p. 461).

FLORECER DENTRO

La vida espiritual es ante todo una vida.
No consiste simplemente en algo que haya que conocer y estudiar, sino que ha de ser vivida. [...] Vivimos como seres espirituales cuando vivimos como personas humanas que buscan a Dios. Si queremos llegar a ser espirituales, debemos seguir siendo humanos (PS, p. 55).

La pureza del corazón nos conduce a alinear nuestra vida, a equilibrarla desde la dimensión profunda que nos constituye, la medida interior que desvela la vida espiritual que albergamos y que nos pone en comunión con el Misterio. Thomas Merton lo deja radicalmente claro para evitar que algún lector pueda creer que lo espiritual es una realidad al margen de la vida. Lo espiritual es un modo de nombrar la dimensión honda de lo humano, la morada habitada que hospedamos dentro. Por esto mismo, sigue diciendo nuestro monje que *solo la fe puede darnos la luz para ver que la voluntad de Dios se encuentra en nuestra vida cotidiana* (PS, p. 56).

Ha sido tentador durante mucho tiempo pensar que lo religioso y espiritual se experimenta en una esfera de la vida distinta a lo ordinario. Esto, de modo irremediable, ha provocado que existan personas polares, de forma que tenían un modo de ser en su vida cotidiana y otra manera de comportarse cuando se entregaban a sus prácticas devocionales. De este modo, lo pagano y lo sagrado se erigen como aspectos enfrentados de la realidad que solo se relacionan en la medida en que son parte de la vida de la persona, pero sin que llegue a influirse, sin llegar a dialogar entre sí. Paradoja curiosa que hace saltar por los aires lo que Jesús de Nazaret desvela con su Encarnación y con su misma vida.

Cuando vivimos como verdaderos seres humanos estamos desplegando nuestra dimensión espiritual, y esto tiene que ver con experimentar la existencia, con estar presentes en lo que se nos da a cada instante, con entregarnos sin más a lo que tenemos. Estar en esa dinámica nos saca de una tentación que venimos heredando casi compulsivamente desde la Ilustración, y que tiene que ver con creer que vivir es exclusivamente pensar sobre lo que acontece.

La vida espiritual es, pues, en primer lugar, cuestión de mantenerse despiertos. No hemos de perder la sensibilidad a las inspiraciones espirituales. Debemos ser capaces de responder siempre a las más leves advertencias, que hablan, como por un instinto invisible, en la profundidad del alma que está espiritualmente viva (PS, p. 56).

Merton está totalmente en consonancia con la idea que apuntábamos, como se puede leer en la cita precedente, pero aquí apunta a algo más con mucha lucidez: la sensibilidad. La sensibilidad tiene que ver con la capacidad que poseemos para percibir y reconocer aquello que, con mucha sutileza, está latente o presente en nuestro interior. Y esto guarda una fuerte relación con esas señales en las que no siempre reparamos sino que solemos pasar por alto, porque no entran dentro de los parámetros que consideramos como propios. Esos indicios tienen que ver directamente con una Presencia que se hace reconocible y que, obviamente, no es una invención nuestra. Su existencia hace posible que hablemos de vida espiritual, de lo profundamente humano en el discurrir ordinario.

Para cultivar dicha sensibilidad tan solo hay que estar atento o, si se prefiere, cultivar el arte de la atención, pues sobradamente sabemos que con facilidad huye de nuestro control, arrastrada por los cientos de pensamientos que cruzan raudos el cielo de nuestra mente. No le faltaba razón a santa Teresa de Ávila cuando se refirió justamente a la mente como a «la loca de la casa». Afinar la atención pasa por centrarse; y para ello hay que tener la intención de hacerlo, el deseo profundo de querer regresar una y otra vez, a cada momento en que uno advierte que se ha ido del aquí y ahora. Esto genera una disciplina que posibilita y desarrolla esa sensibilidad necesaria para que podamos florecer dentro de esa Presencia que regala una vida abierta, despierta, lúcida y compasiva.

Por difícil que sea trasladarlo al lenguaje humano, hay una presencia de Dios muy real y muy reconocible (pero casi totalmente indefinible), en la que nos en-frentamos a él en la oración, conociendo a aquel por quien somos conocidos, conscientes de quien es consciente de nosotros, amando a aquel por quien nos sabemos amados. Presentes a nosotros mismos en la plenitud de nuestra propia personalidad, estamos presentes a aquel que es infinito en su Ser, en su alteridad, en su mismidad (PS, p. 60).

Estas palabras de Merton, que gozan de la profundidad de quien ha experimentado a Dios y desea hablar sobre ello para que otros puedan gustar de Él, señalan un tema esencial que abordaremos más adelante, esto es, la oración. Pero por ahora, en este itinerario, tras la conversión, el valor de la fe y la confianza y la necesidad de la pureza del corazón, toca saber que no hablamos de algo al margen de nuestra vida, sino que hablamos de ella, pero dentro de esa otra Vida, de Ese que gustamos porque nos gusta, ese que anhelamos porque nos anhela.

Seguramente seguimos pensando que tenemos que hacer algo extraordinario para estar en Dios. Quizá, ajenos a la lógica de la gracia desde la que Él actúa, sigamos creyendo que es por mérito propio como llegamos a conseguir lo que deseamos, o incluso que el mismo Dios nos lo reclama así. Si algo de esto nos es familiar es el momento de tener claro que no hay nada que podamos hacer para que Dios nos quiera más de lo que ya nos quiere. No existe nada que podamos alcanzar ni lograr que cambie la dinámica amorosa que es razón última de su ser, así que debemos darnos cuenta de que, si creemos que esto es de otro modo, tal vez es porque estamos viviendo autorreferenciados y seguimos sin aceptar en lo más íntimo de nosotros mismos la lógica de Dios.

Descansa en Dios y alégrate, porque este mundo no es sino la figura y promesa de un mundo venidero, y solo quienes se desprenden de las cosas transitorias pueden poseer la sustancia de una promesa eterna. [...] La vida no se alcanza mediante el razonamiento y el análisis sino, ante todo, viviendo. Porque hasta que no empezamos a vivir, nuestra prudencia no tiene material para trabajar (PS, pp. 74 y 86).

Pensar suele ser sinónimo de control; descansar lo es de la confianza esperanzada desde la que vivimos sin advertirlo. Lo transitorio no es solo lo que hemos adquirido, sino también aquellas ideas y creencias limitantes que configuran nuestro vivir. Ante ello, ante la posibilidad arriesgada de reconocerlo, nos queda la prudencia que permite que relativicemos lo propio y nos quedemos más al margen para dejar que el centro lo ocupe Dios. Únicamente en la vida –y venimos insistiendo en ello con objeto de que cale hondo– es donde puedes descansar en Aquel, no en este o aquel sitio, tampoco en esta o aquella situación, ni tan siquiera en otro momento distinto a este que se te está regalando mientras lees.

Al Dios de la vida se lo alcanza en la vida, del mismo modo que sabemos qué es el amor amando. Nadie que se dedique a pensar sobre el amor sabe profundamente en qué consiste, pues a lo sumo tendrá información sobre la cuestión, pero no la vivencia concreta que conlleva todo verdadero saber. Lo que está en juego es la oportunidad de descubrir nuestra identidad profunda, nuestro ser espiritual, desde el que nuestra vida puede adquirir eso a lo que nos referimos como espiritual. La vida espiritual es la única vida posible. Las otras fórmulas que podamos adoptar son sucedáneos que nos dejan hambrientos y sedientos porque no alcanzan a llenar ese lugar profundo que solo puede calmar y colmar Dios.

La verdad se eleva
desde el silencio del ser
a la tremenda presencia silenciosa de la Palabra.
Luego, hundiéndose de nuevo en el silencio,
la verdad de las palabras
nos sumerge en el silencio de Dios.
O, mejor, Dios se alza desde el mar
como un tesoro entre las olas,
y cuando el lenguaje se retira,
su brillo sigue presente
en las orillas de nuestro propio ser.

(PS, p. 94)

Tras la lectura, ¿qué te queda..., qué te hace pensar..., qué vislumbras...?

Oración

¡Oh, profundidad de las riquezas de la sabiduría y del conocimiento de Dios!

Se abre una puerta en el centro de nuestro ser, y tenemos la impresión de que nos sumergimos a través de ella en inmensas profundidades que, aun cuando son infinitas, resultan todas accesibles para nosotros; parece que toda la eternidad se ha hecho nuestra en este contacto plácido e intenso (LH, p. 89).

LO BUENO DE COMPARTIR

El hombre espiritual es aquel que «ya coma, ya beba o haga cualquier otra cosa, lo hace todo para gloria de Dios» (1 Co 10, 31). Esto no significa que se limite a percibir en su mente una abstracta intención de dar gloria a Dios. Significa que en todas sus acciones es libre del superficial automatismo de la rutina convencional. Significa que en todo lo que hace actúa libremente, con sencillez y espontaneidad, desde lo más hondo de su corazón, movido por el amor (DEM, pp. 16-17).

Una vida espiritual nos hace seres humanos espirituales que buscan una existencia consciente anclada en Dios. La gloria de Dios que señala Merton tiene que ver con esto, con estar en la Presencia del Misterio y poder reflejarlo en el mundo. Y esto nada tiene que ver con el sentido que le hemos dado al término «gloria» en nuestro mundo, sino con algo que se percibe porque despierta el asombro en el otro sin necesidad de ser exaltado a bombo y platillo.

Los automatismos no tienen cabida en la persona que busca vivir espiritualmente, aunque en algún momento pueda descubrirse presa de alguno. Pero la capacidad de advertir el mecanismo es el inicio de un proceso liberador que, cuando acontece por vez primera, no puede volver a atrás. Una vez se comienza a vivir desde la consciencia, desde esa percepción desde Dios, nada puede ya obviar los efectos benevolentes que procura dicha experiencia.

Este despertar a la vida espiritual, si bien es un camino personal y en cierto sentido solitario, también es un trayecto comunitario en la medida en que tiene que ver con los otros. Este hecho elimina la tentación del individualismo y permite reconocer la existencia de otras personas más avezadas en el camino que pueden acompañar nuestra experiencia. Cada hito posee unas particularidades que requieren de claves de comprensión y, ante todo, de una escucha abierta, no enjuiciadora, que sea capaz de comprender desde la lógica simbólica desde la que Dios se va diciendo en nuestra vida.

La dirección, por consiguiente, afecta a toda la persona, en las circunstancias concretas de su vida, por muy simples que puedan ser. [...] El director no tiene como misión enseñar su propio estilo, ni tampoco un modo determinado de oración, sino instruir a sus discípulos acerca del modo en que pueden encontrar por sí mismos el estilo apropiado para ellos (DEM, pp. 18 y 22).

Tener en cuenta que lo que se comparte con este acompañante espiritual –o director espiritual, como se denominaba en la época de Thomas Merton– parte de la realidad concreta ordinaria ayuda a no excluir nada de la vida, por más sencillo que pueda llegar a ser. De hecho, la sencillez es uno de los grandes temas que gustan a Dios, como se puede ver a lo largo de toda la Escritura.

Es bueno y necesario también saber que este director o acompañante no viene con ningún tipo de recetario con el que nosotros debamos suplantar nuestra dinámica personal, sino que trae consigo el fruto de su experiencia y una actitud sensible e interesada en las cosas de Dios. En este sentido, el respeto por el propio estilo, por el proceso y la forma en que se da en cada cual es algo digno de respeto, reconocimiento y admiración, pues es el Espíritu quien guía nuestra historia de una forma única e irrepetible.

La instrucción a la que se refiere Merton en esta cita tiene que ver más con las devoluciones que el acompañante puede dirigir al acompañado para que eso se convierta en luz y claridad respecto al lugar por el que está transitando. Tal vez pueda haber algún consejo, pero nada pretende usurpar el propio ritmo y proceso personal.

Es muy frecuente que la gente piense que lo único que necesitan para transformar un «deseo» en «voluntad de Dios» es tener la confirmación del director. Lamentablemente esta clase de alquimia no da resultado, y quien trate de practicarla se sentirá decepcionado (DEM, p. 31).

El acompañante no cambia nada en la persona que abre su corazón, pero verbalizar en voz alta lo propio y que esto pueda ser acogido permite cierta claridad respecto a lo que se comparte. El otro no hace nada extraordinario, pero su escucha, sus preguntas y señalamientos pueden ayudar a que sea uno el que advierta algo que hasta ese momento no era capaz de ver. Ahí, por la gracia y no por voluntarismo, uno podría vislumbrar cuánto de Dios tiene lo que comparte o, por el contrario, cuánto de sí mismo hay en ello.

Entre no querer compartir nada con nadie y la posibilidad de generar una relación de dependencia con el director acompañante radican la multitud de opciones que pueden darse en el acompañamiento. Al final, los dos extremos del asunto podrían denominarse así: de la autonomía narcisista a la dependencia irresponsable, esto es, desde solo yo a solo tú. Y en ninguna de ellas hay espacio para la voluntad de Dios. El acompañamiento procura situarse en algún punto medio, desde donde poder ofrecer el destilado de la experiencia espiritual vivida sin ningún tipo de altanería.

Lo que hemos de hacer es poner al director en contacto con nuestro verdadero yo lo mejor que podamos, y no tener miedo de dejar que vea lo que hay de falso en nuestro falso yo. Ahora bien, esto implica de inmediato una actitud relajada y humilde en la que nos abandonamos a nosotros mismos y renunciamos a nuestros esfuerzos conscientes por mantener una fachada. [...] Hemos de abandonar toda beligerancia

y liberarnos de nuestro instinto de autodefensa y au-
tojustificación, que es, en sí mismo, el mayor obstá-
culo para la acción de la gracia en nuestra relación
con un director (DEM, p. 34).

La humildad, de la que ya hemos hablado, es la clave que nos permite un nivel de honestidad necesario. A mayor sinceridad, mejor será el acompañamiento, pues lo que descubrimos de nosotros emerge de este yo verdadero al que apunta Merton. No hay que ser quien uno no es delante del acompañante, pues, como hemos indicado, lo que no cabe en el acompañamiento es ningún tipo de juicio. Obviamente, somos consciente de que en alguna circunstancia caemos en evaluar lo que le sucede a la persona que nos habla, pero tampoco debemos perder de vista que el contexto del acompañamiento beneficia a los implicados. No se trata de una conversación entre amigos, sino de un encuentro de dos desde la mirada del Amigo.

Comenzar el acompañamiento no requiere de ninguna circunstancia especial más allá del reconocimiento personal de querer y desear vivir desde Dios. La clave radica aquí y no en ningún tipo de obligación personal, que solo podría derivar en la inautenticidad por querer quedar bien, lo cual nos situaría en ese falso yo que señalaba Thomas Merton. Si esto se diese así, sería comprensible que se despertaran toda clase de mecanismos neuróticos inconscientes que sabotearían la bondad de la relación entre acompañado y acompañante.

Tenemos que ser capaces de poner al descubierto las aspiraciones secretas que albergamos en nuestro corazón porque constituyen el refugio entrañable al que nos dirigimos para huir de la realidad. Tenemos que ser capaces de ponerlas al desnudo, sabiendo perfectamente que, por el hecho de manifestarlas, corremos el riesgo de verlas con una luz diferente – bajo la cual pierden su misterio y su magia–. El director ha de conocer lo que realmente queremos, porque solo entonces sabrá lo que realmente somos (DEM, p. 36).

La desnudez es señal de autenticidad y transparencia y, en el proceso interior, la persona requiere de ese ejercitamiento interiormente y exteriormente si quiere adentrarse y avanzar en la vida espiritual que modula su relación con Dios. Para que el acompañamiento dé sus frutos debe permitir que lo que deseamos, eso que mueve nuestra vida de forma soterrada, se ponga al descubierto. Su revelación dejará a la intemperie lo que somos, y desde ahí se hace fácil dilucidar los signos con los que el Misterio se está mostrando en la vida concreta.

Tras la lectura, ¿qué te queda…, qué te hace pensar…, qué vislumbras…?

Oración

Solo la soledad me ha enseñado que no tengo que ser un dios o un ángel para agradarte, que no tengo que convertirme en una inteligencia pura, sin sentimientos y sin imperfecciones humanas, para que escuches mi voz.

No esperas a que me haga grande para estar conmigo y escucharme y responderme. Son mi pequeñez y mi humanidad las que te han movido a hacerme tu igual, condescendiendo a ponerte a mi nivel y viviendo en mí por tu misericordioso cuidado.

Y ahora es tu deseo, no que te dé las gracias y el reconocimiento que recibes de tus grandes ángeles, sino el amor y la gratitud que nacen del corazón de un niño, un hijo de mujer, tu propio Hijo (PS, p. 131).

EL ESPEJO DE LA SOLEDAD

Todos los seres humanos son solitarios. Solo que, en su mayor parte, tienen tanta aversión a estar solos, a sentirse solos, que hacen todo lo que pueden para olvidar su soledad. ¿Cómo? Quizás, en gran medida, mediante lo que Pascal llamaba divertissement, *diversión, distracción sistemática: esas ocupaciones y entretenimientos, tan compasivamente proporcionados por la sociedad, que permiten al ser humano evitar su propia compañía durante veinticuatro horas al día* (HC, p. 118).

Ahondar la vida requiere recogimiento, y esto solo puede darse mediante un encuentro con uno mismo en soledad. Thomas Merton llama la atención en esta primera cita sobre el hecho de que huimos de dicha soledad porque, en el fondo, queremos evitarnos a nosotros mismos. Para ello no hace falta mucho esfuerzo, pues la sociedad se ha encargado, como bien señalaba él entonces –y aún más en nuestros días– de crear todo tipo de artilugios que lo ponen exageradamente fácil. Pero no es solo esto, sino que, en estos tiempos en que vivimos, las distracciones a las que accedemos están comenzando a generar en las personas muchas disfunciones preocupantes, especialmente en los más jóvenes.

Quien desea realizar la aventura interior debe gustar de la experiencia de la soledad. Encontrarse con uno mismo puede parecer aterrador al principio, mientras nos vamos desintoxicando de tantas dependencias como hemos generado a nuestro alrededor. La extensa carta de productos televisivos, telefónicos, la infinidad de deseos insatisfechos, el ruido sonoro y los múltiples reclamos que absorben nuestra atención deben ser interrumpidos, abandonados si deseamos atendernos verdaderamente. Y, como sucede con las dependencias, hay que atravesar un proceso arduo de desprendimiento que conlleva la misma experiencia que viven aquellos que desean abandonar algún tipo de drogadicción: hay que sostener el síndrome de abstinencia. La soledad nos coloca frente a todo esto y se torna en tabla de salvación y sanación.

Muchas veces accedemos a cosas o realidades que, incluso carentes de sentido, nos ofrecen algo tan básico e insustancial que no somos capaces de advertir que de lo único que nos llenan es del vacío que ellas mismas contienen.

El pan y circo que cumple esta función puede ser evidente y absurdo, o puede asumir un aire hipócrita de intensa seriedad, por ejemplo en un movimiento de masas. Nuestra sociedad prefiere lo absurdo. Pero nuestro absurdo está mezclado con una cierta seriedad práctica y resuelta, con lo que nos dedicamos a la ad-

quisición de dinero para satisfacer nuestro apetito de
estatus social y nuestra justificación de nosotros mis-
mos en contraste con la iniquidad totalitaria de nues-
tros competidores (HC, p. 118).

La soledad nos sitúa frente a la realidad dejándo-
nos sin escapatoria ante nuestros engaños. En la soledad todo se coloca sobre la mesa, y lo que nos suceda nos sitúa irremediablemente ante una honestidad
personal que, si bien se puede seguir negando, hay
que ir asumiendo si ya nos hemos topado con la me-
diocridad de una vida despreciable.

Buscar el reposo que anhelamos en los placeres
consoladores del sistema mercantil al que hemos ven-
dido nuestra alma es caer en el mensaje ilusorio que
nuestra sociedad prodiga para lograr un bienestar
vacío. Toca, en nuestros días, salir de esos mecanismos que pretenden tranquilizar y arrastrar nuestra
conciencia a un sueño que nos desconecta de nosotros
mismos. La soledad es la mejor oportunidad que podemos brindarnos para lograr este propósito.

Una de las primeras cosas esenciales de la soledad
interior de la que hablo es que consiste en la realiza-
ción de una fe en la que el ser humano se hace res-
ponsable de su vida interior. Se enfrenta a todo su
misterio, en presencia del Dios invisible. Y toma so-
bre sí la tarea solitaria, incomunicable y apenas com-
prensible de seguir su camino a través de la oscuridad
de su propio misterio hasta descubrir que ese misterio
y el misterio de Dios emergen de una misma realidad,

que es la realidad única: que Dios vive en él y él en
Dios (HC, p. 120).

La soledad interior, que requiere experiencia de soledad exterior para evitar toda suerte de distracciones, permite que la llama de la fe ilumine nuestro interior y diluya los espectros que han ido apareciendo conforme nos hemos dejado arrastrar por tanto contento insustancial. La fe, como confianza abierta esperanzada, hace posible esta travesía del aquí al Aquí, de este momento al Ahora donde Dios no solo se dice, sino que se da esparciéndose como sentido que calma y colma la profundidad de nuestra vida.

Este desamparo aparente –pues ya nos indica Merton que está habitado por Dios– posee una cualidad radicalmente diferente de la que nos ofrece la dinámica mundana. No hay certezas a medias que no sean una respuesta definitiva. Lo que el Misterio profiere al misterio humano es la plenitud de su ser, no una dulce distracción momentánea.

Cuando lo que está en juego en la soledad es el espacio dialógico donde Dios se expresa, no podemos esperar más que una oscuridad radiante, encendida por la lucidez que se nos da, que nada tiene que ver con las luces distractoras con las que nos hemos conformado hasta este momento de nuestra vida y que, además de confundirnos, nos han extraviado.

Cuando un ser humano es llamado a ser un solitario –aunque sea solo interiormente– no necesita ser nada más ni se le puede pedir nada más, salvo que permanezca física o espiritualmente solo librando su batalla, que pocos pueden comprender. Su función en la Iglesia –función social y espiritual– es la de permanecer en la «celda» de su soledad, sea en una celda real en el desierto, o simplemente en la celda espiritual de su incomprensible vacío, y como solían decir los Padres del desierto, su «celda le enseñará todas las cosas» (HC, p. 121).

Estamos llamados a ser solitarios porque somos llamados a un encuentro sin igual, un abrazo entre el misterio que somos y el Misterio que nos habita. En medio de este proceso, de esta travesía, se libran innumerables batallas que no se perciben exteriormente, pero que se viven interiormente. Hablar de ello es complejo, pero, como ya indicamos, un acompañante puede aliviar la tensión que se vive, sencillamente porque nos brinda una escucha espiritual.

Permanecer es lo que más cuesta, especialmente ante los miles de envites que surgen en nuestra mente y nuestro corazón y que generan intranquilidad y desasosiego. Una lucha reñida entre lo que uno quiere y lo que se está dando, entre la comodidad de la huida y la distracción, y la respuesta al anhelo y la sed de fondo, que requieren de esa presencia perseverante durante la tormenta.

Ser fiel en medio de la dificultad, porque se sabe del deseo del encuentro y de lo que adviene con él, es una buena garantía. Ser fiel para acoger la gracia, para respetar el tiempo de Dios, que es radicalmente diferente del nuestro y que incluye toda suerte de asombros que no siempre coinciden con aquello que queremos atrapar bajo nuestro control.

Para permanecer no hay que realizar solo un ejercitamiento de la voluntad, una ascesis de forma consciente, sino que hay que cultivar el arte de la relación, la apertura y la confianza. Objetivos todos de lo que conocemos como oración contemplativa, de la que pronto hablaremos.

La soledad puede escoger y seleccionar a una persona para sí misma, pero esta no es suya a menos que ella acepte. Por otra parte, por mucha voluntad que se tenga, no se logrará nada bueno si antes no se ha sido invitado a tomar la decisión. La puerta de la soledad se abre solo desde el interior. Esto es verdad de las dos soledades, la interior y la exterior (HC, p. 134).

Tras la lectura, ¿qué te queda..., qué te hace pensar..., qué vislumbras...?

Oración

Me has llamado a esta soledad para ser tu hijo: para nacer de nuevo a tu luz, una y otra vez, en conocimiento, en contemplación, en agradecimiento y pobreza, y en alabanza.

Aquí, en este monasterio, aprenderé de las palabras de tus amigos a ser tu amigo, y aquí seré amigo de aquellos en quienes tú quieres mostrarme y enviarme a tu Hijo [...] (DS, p. 125).

LA TIENDA DEL ENCUENTRO

Una persona no puede entrar en el centro más profundo de sí misma y pasar a través de ese centro hasta Dios si no es capaz de salir por completo de sí misma, vaciarse y darse a otras personas en la pureza de un amor desinteresado [...]. Cuanto más somos uno con Dios, tanto más unidos estamos unos de otros. Y el silencio de la contemplación es una profunda, rica e infinita comunidad no solo con Dios, sino también con los hombres. El contemplativo no se aísla en sí mismo, sino que se libera de su yo externo y egoísta por la humildad y la pureza de corazón (NSC, pp. 82-83).*

Estamos llamados a ser contemplativos, y esto nos viene dado, es parte constitutiva de nuestro ser. Pero esta dimensión no es algo que pueda desarrollarse porque dependa de uno mismo, sino que requiere de un proceso de vaciamiento. Entrar en el centro de nosotros mismos supone la capacidad de saber echarnos a un lado y restarnos el protagonismo que con tanta frecuencia nos otorgamos, para atendernos de ese modo singular, desde el que también saldremos al encuentro de los demás. Dios no solo está en lo más íntimo de mí mismo, sino en lo más profundo de todo ser. De hecho, el modo de vivir la relación que tenemos con Él pasa por la capacidad de entrega que poseamos, pues a mayor unión con Él, mayor será la unión con todos y todo y nada nos será indiferente.

Para que este encuentro en la intimidad del corazón tenga lugar se precisa de soledad y silencio, de escucha y atención, de apertura y entrega. Cada uno de estos binomios son parte del proceso oracional que cada cual realiza en su vida. Es la oración contemplativa oportunidad, medio y meta en sí misma, posibilidad donde puede desplegarse y desarrollarse la vida espiritual, esto es, la conciencia y el corazón. Solo a través de ella podemos abrir las ventanas por las que Dios pueda transparentarse para iluminar la vida de todo y de todos de un modo nuevo.

Dado que la contemplación es la unión de nuestra mente y nuestra voluntad con Dios en un acto de puro amor que nos permite entrar en contacto oscuramente con Él tal como es en realidad, el camino hacia la contemplación consiste en desarrollar y perfeccionar nuestra mente, nuestra voluntad y toda nuestra alma (NSC, p. 224).

Tal vez sea este el momento, casi a la mitad de estos quince días que estamos pasando con Thomas Merton, de preguntarnos por el cómo de la cuestión, esto es, cómo se desarrollan y se perfeccionan esas facultades. La respuesta es tan sencilla y básica que sigue siendo difícil de creer para nuestra mente, tan dada a complejizarlo todo por ese afán que posee de sentirse que está haciendo y logrando algo que solo depende de sí misma. El camino es la oración contemplativa o la meditación, según lo comprenda mejor el lector. Oración de silenciamiento, que no de reflexión a la luz de la Escritura (como se ha entendido durante mucho tiempo la meditación, que se volvió totalmente discursiva).

Básicamente debemos saber que esto requiere una ascesis, una disciplina que precisa de compromiso, dedicación y entrega más allá de lo que vaya aconteciendo conforme se desarrolle la experiencia. Se requiere una intención clara respecto al para qué nos sentamos en silencio y quietud, y, al mismo tiempo, una atención devocional que logre permanecer y regresar al centro de uno mismo tantas veces como sea necesario durante el tiempo que se dedica a la oración. Dicho sea de antemano, y casi a modo de advertencia, nada sucederá como lo solemos planear, nada es nunca del modo en que nos gustaría, porque ese momento es de Dios y solo Él sabe la forma en que querrá salirnos al encuentro.

La meditación es una disciplina doble, que tiene doble papel. En primer lugar, se supone que nos permitirá controlar suficientemente nuestra mente, nuestra memoria y nuestra voluntad, recogernos y retirarnos de las cosas exteriores, de los asuntos, las actividades, los pensamientos y preocupaciones de la existencia temporal. En segundo lugar –y este es el fin real de la meditación–, nos enseña a tomar conciencia de la presencia de Dios; y, sobre todo, pretende llevarnos a un estado casi constante de atención amorosa a Dios y dependencia de Él.

La finalidad real de la meditación es esta: enseñarnos la manera de liberarnos de las cosas creadas y las preocupaciones temporales, donde solo encontramos confusión y pena, y el modo de entrar en un consciente y amoroso contacto con Dios que nos dispone a recibir de Él la ayuda que tanto necesitamos para rendirle la alabanza, el honor, la acción de gracias y el amor que ahora le damos con alegría (NSC, pp. 227-228).

Merton es claro en lo que manifiesta en esta extensa cita, que me parece muy esclarecedora respecto a lo que es la meditación. La oración nos libera de todo lo que nos atormenta y preocupa antes de que podamos hacer nada, ni tan siquiera intervenir. La oración nos centra en Él y comenzamos a dejarnos llevar por su lógica, que supera nuestras racionalidades, pero qué duda cabe que cuando uno se sienta y cierra los ojos, lo que debe tener muy claro es que está dispuesto a que su vida cambie y, si fuera necesario, de manera radical. Por esto es por lo que se necesita saber desde dónde ora uno, cuál es el suelo desde el que alimenta la experiencia y erige la tienda para el Encuentro.

Si uno es honesto consigo mismo y se para con calma a visualizar sus días, no creo que sea algo difícil darse cuenta de que la falta de claridad, el temor y la tristeza gobiernan con demasiada frecuencia nuestra vida. Detenerse en eso suele ser la primera experiencia que tiene lugar cuando uno cierra los ojos, centra su atención en la respiración y comienza a percibir la presencia de su vida como condición de posibilidad para que emerja la Presencia. La película biográfica personal es lo que uno descubre cuando desea encontrarse con el Misterio de amor; de ahí que haya que regresar una y otra vez a la respiración, a ese hálito de vida que nos recuerda simbólicamente aquel primero por el que Dios nos dio la existencia.

Aprendemos de verdad la oración y el amor en el momento en que la oración se nos vuelve imposible y nuestro corazón se hace de piedra.

Si nunca hemos tenido distracciones, no sabemos orar, ya que el secreto de la oración es el hambre de Dios y de la visión de Dios (NSC, p. 231).

Sería demasiado fácil por nuestra parte evaluar y valorar la oración por la ausencia de distracciones, pero o bien la mente se nos fue y no nos dimos cuenta, o bien no somos capaces de reconocer que la dificultad mayor radica en el abandono confiado a Dios, que no se termina de dar porque estamos sujetos a nuestra supuesta seguridad. Es esperanzador Merton al señalar que la oración auténtica posee distracciones inevitables. Quizá puedan ser estas oportunidades encubiertas por parte de Dios para que deseemos repetidamente regresar a Él con un mayor grado de humildad y devoción.

La necesidad de arrodillarse y sentirse sumergido bajo el oleaje de imágenes incoherentes y absurdas es una de las pruebas comunes de la vida contemplativa [...] Pero de todas estas cosas es en la voluntad de orar donde se encuentra la esencia de la oración, y el deseo de encontrar a Dios, de verlo y de amarlo es lo único que importa [...] es mucho mejor desear a Dios sin ser capaces de pensar claramente en Él que tener maravillosos pensamientos sobre Él sin desear unirnos a su voluntad (NSC, pp. 231 y 234).

El aviso está dado y su finalidad es alentadora, pues nos hace caer en la cuenta de aquello que vamos a encontrar en la oración. Esto no nos debe desanimar, sino más bien ayudar a situarnos, a normalizar algo que es común a cualquier proceso interior. Lo esencial tiene que ver con el deseo, las ganas y el entusiasmo para que pueda darse en el alma ese encuentro que sea del todo transformador, reparador, y que pueda paliar la sed que albergamos. Debemos dejar a un lado cualquier tipo de ansiedad y de hambre deliberada que desee imponer su ritmo, ya que es siempre Dios el que nos saldrá al encuentro.

Y si nos permitimos permanecer en el silencio y en el vacío, descubriremos que esta sed, esta hambre que busca a Dios en la ceguera y la oscuridad, crecerá en nosotros, y al mismo tiempo, aunque parezca que no encontramos aún nada tangible, la paz se instalará en nuestra alma (NSC, p. 250).

La clave radica en permanecer en la experiencia, en la soledad y el silencio interior, en la capacidad de quedarnos ahí más allá de toda vivencia. La perseverancia es un modo de fidelidad encubierta que trasluce la fe y la confianza que configuran nuestra vida interior y nos acercan aún más a Cristo. El encuentro con Dios en el corazón del alma nos define como hijos a imagen del Hijo.

Tras la lectura, ¿qué te queda…, qué te hace pensar…, qué vislumbras…?

Oración

Justifica mi alma, oh, Dios, pero llena también mi voluntad con el fuego de tus fuentes. Brilla en mi mente, aunque tu resplandor «eclipse mi experiencia», pero ocupa mi corazón con tu inmensa Vida. Que mis ojos no vean en este mundo más que tu gloria. Que mis manos no toquen nada que no sea para tu servicio. Que mi lengua no pruebe más pan que aquel que me dé fuerzas para alabar tu gran misericordia […] Haz que use todas las cosas por una sola razón: encontrar mi alegría dándote gloria (NSC, p. 64).

RÁFAGAS DE VIENTO

Hay formas para aprender a meditar. Pero no debemos esperar encontrar métodos mágicos, sistemas que hagan evaporarse en el aire todas las dificultades y todos los obstáculos. La meditación es a veces muy difícil (OC, p. 37).

En muchas ocasiones buscamos otros métodos ante el hastío o la falta de confianza en la oración vocal convencional que aprendimos en nuestra infancia. Quizá no sea por cansancio, tampoco por falta de confianza, sino que más bien puede ser un síntoma de la necesidad de dar un paso más en la relación con Dios, que es toda oración. Posiblemente, el modo como acontecían los encuentros en la interioridad personal precisen de una evolución donde la escucha cobre un protagonismo mayor, donde ya no sea solo la necesidad de decir, sino de acoger lo que se nos dice.

Thomas Merton avisa de que los modos de meditar son varios, pero que no podemos caer en la tentación de estar buscando aquel que goce de perfección y nos lleve a un encuentro definitivo de la manera más inmediata posible. Es más, avisa de que la meditación es difícil, de que es un camino arduo que no está exento de dificultades y obstáculos que no hay que saber evitar, sino más bien afrontar.

Esta confrontación con lo más sombrío de uno, con los miedos, las distracciones, las incomodidades, precisa de humildad. Tal vez sea dicha actitud la única que pueda brindarnos la ayuda que precisamos, pues solos jamás podremos. Por ello, Merton recuerda que, en ocasiones, la misma oración, la meditación y la contemplación están relacionadas con la «muerte» y el desapego, pues requieren por nuestra parte un descenso a nuestro ser más vulnerable, chocar con nuestra propia frustración, con la confusión o incluso con la propia ignorancia, con ese no-saber con el que estamos tan poco familiarizados.

Sin duda alguna, cuando se dan estas circunstancias, lo que nos queda es abrirnos aún más a la fe, que dejará al descubierto la razón de nuestra esperanza y nos mostrará la necesidad de ayuda o de auxilio, como se dice en el libro de los Salmos; en ocasiones no llega como algo concreto deseado, sino como un aumento de la propia fe que nos permite depositar nuestra confianza en el misterio de amor que es Dios.

Esta impotencia tiene mucho que ver con la experiencia de la oscuridad respecto al misterio de Dios en la Vida. Por eso, para poder alumbrarla, solo precisamos de la fe, llama que ilumina en medio de la niebla y que es claridad que está más allá de toda certeza racional y de toda emoción de desolación o consolación. Perseverar en esta experiencia oscura de impotencia es sostener una relación única con el Dios que nos llama. Insistir y esforzarse en este ejercitamiento, en esta práctica de la oración meditativa, supone renunciar a muchos apegos relacionados con las verdades sobre las que hemos erigido nuestra vida y de las cuales dependemos.

Pero Merton nos avisa de que *uno de los problemas de la vida de oración es el de aprender cuando los esfuerzos de uno están iluminados y bien dirigidos, y cuando brotan de nuestras confusas veleidades y de nuestros deseos inmaduros* (OC, p. 39).

No sería de extrañar que muchas veces, con la mejor de las intenciones y mucho celo y fervor, nos veamos insistiendo en que las cosas cumplan unos estándares que nos hemos autoimpuesto y evaluemos lo que sucede en la oración teniéndolos como referencia. No se puede olvidar que la oración es un encuentro con Aquel que nos convoca, y esto quiere decir que la iniciativa no es nuestra, sino que siempre es Dios el que nos llama a ser verdaderos hijos en el Hijo, un encuentro que es deificante.

Tal vez en este punto podría surgirnos el interrogante de cómo saber si el deseo es nuestro y no está maduro, o verdaderamente responde a Dios. Pues bien, para ello, como bien sabían los padres y las madres del desierto, es necesario acudir a la experiencia del acompañamiento espiritual que nos pueda ayudar a dilucidar. Alguien con experiencia oracional que, porque ha transitado el camino, puede prestarnos una escucha que pueda confrontar nuestros deseos. Esa persona no sabrá el secreto último ni tendrá una fórmula mágica que darnos, pero sí logrará que podamos advertir la gracia de Dios, cómo ser capaz de ser humilde e incluso incrementar nuestra paciencia, máxime en el mundo en el que vivimos, donde la inmediatez lo fagocita absolutamente todo. Además, esa humildad nos hará darnos cuenta de nuestras propias limitaciones, pues desbancará el orgullo o la falsa creencia de que ya lo sabemos todo.

Obviamente, la mayor de las dificultades está relacionada con nuestra ceguera ante cuestiones que tienen que ver con la parte más profunda de nuestra personalidad, por lo que, dicho sea de paso, puede suponernos la dedicación y el trabajo de toda la vida.

Por eso –nos recuerda Merton hablando de esta cuestión– *los que se imaginan que pueden descubrir técnicas especiales y tratan de asimilarlas para eludir los auténticos problemas de su vida espiritual, normalmente llegan a ignorar la voluntad de Dios y su gracia. Sufren de exceso de confianza y de autocomplacencia* (OC, p. 41). Y si esto es así, cabría preguntarse qué sentido tiene ir a la oración, para qué se medita, qué se pretende cuando se quiere probar el sabor del silencio, qué o a quién se pretende encontrar.

Estas preguntas que surgen son más que necesarias para resituar la intención y volverla diáfana, ya que, si no lo tenemos claro desde el principio, estaremos buscando o queriendo algo que desconocemos y, por tanto, la pérdida estará asegurada. Es importante advertir la intención que nos lleva a la meditación, y a continuación partir de este puerto con la claridad de que somos principiantes en esto de la navegación, que somos aprendices que requieren disponer de rudimentos que ayuden en la travesía. Creer que se sabe es el mejor modo de entorpecer el aprendizaje, para quedar en la ignorancia que implica no solo el desconocimiento sino la incapacidad para ver lo que está por descubrir.

Este viaje requiere tiempo y, por esto mismo, la impaciencia no es buena consejera, y menos aún compañera, por lo que es esencial comenzar sabiendo que lo importante radica en ser capaz de ir disfrutando de cada instante, de cada experiencia, de cada aspecto de uno que pueda ir apareciendo, para regresar seguidamente la atención a la intención que nos llevó a la meditación. Querer imprimirle velocidad a la travesía por creernos que ya hemos atesorado vivencias que le dan fiabilidad y seguridad respecto a lo que sucede en la oración, puede llevarnos a perdernos, además de hacernos experimentar cierta arrogancia que termine por ahogar toda esperanza confiada. Si esto ocurriese, sería normal dejar de percibir la gracia de Dios, ese ser conscientes de que somos conducidos, y la consecuencia inmediata sería la conexión con una fragilidad y una vacuidad que terminan por generar desconfianza.

Si –por circunstancias que a veces uno mismo desconoce– aconteciese esto que acabo de señalar, y eso le lleva a uno a la experiencia de desconexión y desgana (la tradicionalmente llamada acedia), todavía seguiría existiendo una solución posible. Esta pasa por la simple toma de conciencia que conduzca a la persona al arrepentimiento, que es, sin duda alguna, ese momento previo a la experiencia de la misericordia de Dios.

Obviamente, no queremos vernos ni sentirnos siempre como principiantes, *pero tenemos que convencernos del hecho de que en toda nuestra vida jamás pasaremos de la condición de aprendices,* señala Merton. Solo quien permanece en una actitud de aprendiz sigue vivo para la vida, sigue atento a lo que Dios quiere para él. El que siente que posee todas las respuestas ya se ha cerrado a la gracia, esto es, que el Amor pueda decirse en su vida con la misma hondura con que se expresó en Cristo Jesús. Un Amor que no es para que quede encerrado en uno mismo, sino para entregarlo, pues, como bien dijo santa Teresa de Calcuta, «quien no vive para servir, no sirve para vivir».

La meditación es una experiencia que tiene que ver con saber entregarse a un encuentro que es arrollador y transformador y que posibilita la experiencia de la verdad que radica en el Evangelio y que Francisco de Asís supo expresar tan bellamente: «es dando como se recibe, es olvidándose de sí mismo como uno se encuentra». Uno se encuentra a sí mismo habitado por Aquel que posibilita, sostiene y vivifica su vida.

Tras la lectura, ¿qué te queda…, qué te hace pensar…, qué vislumbras…?

Oración

*Enséñame, oh, Dios, a aceptar con gozo mi des-
valimiento en la vida espiritual. Enséñame a conten-
tarme con tu gracia, que viene a mí en la oscuridad
y hace cosas que yo no puedo ver. Enséñame a ser
feliz por poder depender de ti. Depender de ti debería
ser, en sí mismo, infinitamente más grande que cualquier otro gozo que mi apetito intelectual pueda desear* (DS, p. 61).

OSCURIDAD LUMINOSA

El descubrimiento de la presencia de Dios en lo más íntimo de nuestro ser es en realidad el cambio de una vida exterior a una vida interior en el sentido estricto de la palabra. En general el término «vida interior» se acepta normalmente como una descripción válida para cualquier clase de esfuerzo realizado después de la oración y la autodisciplina, junto con cierta cantidad de lectura, meditación y énfasis en la virtud (EI, p. 129).

Hay un viraje de rumbo, como se viene viendo desde el principio, como consecuencia de un adentramiento en la oscuridad luminosa del alma. Lo de fuera no satisface, sino que ensancha aún más el vacío y la insatisfacción ansiosa que modula nuestro vivir. Y ante el hartazgo que vamos cosechando, solo nos queda volver la mirada a la interioridad, que, paradójicamente, si bien es nuestra, apenas la hemos explorado.

Ese mundo sombrío que albergamos dentro tiene su propio latido, constituye una vida, Vida interior que es soporte y sustento nutricio de la exterior, aunque siga siendo difícil de comprender para la lógica del mundo. Todo lo que realicemos para su cultivo será fermento de una cultura del alma genuina que está por descubrir, ya que nada tiene que ver con todo ese mundo de consumo espiritual que pivota sobre el bienestar y la felicidad personal que se olvida del conjunto de la realidad.

Nutrir nuestra mente de pensamientos, ideas y reflexiones constructivas, abiertas y dialógicas. Conocer todo nuestro mundo emocional y cómo se puede gestionar mejor. Comer con conciencia sana y con cierta mesura y dedicarle unos tiempos a lo largo del día a la meditación silenciosa y a la oración de agradecimiento, son la mejor forma de generar ese ejercitamiento, esa ascesis personal que no termina en uno mismo, sino que ensancha el corazón y la mente. Los frutos que podamos cosechar no serán para nosotros mismos, como tampoco los del árbol son para él.

La vida del hombre exterior es una vida llevada por el automatismo, por unos pensamientos y acciones inconscientes, por una conformidad mecánica a los modelos y prejuicios que nos rodean, o si no, por una mecánica y compulsiva rebelión contra ellos. Ya que la rebelión contra la conformidad exterior no es lo que constituye una vida interior. Al contrario, normalmente es otra forma de compulsión y, de hecho, no es más que otro aspecto de la misma compulsión. Es una especie de conformidad negativa (EI, p. 129).

Ya entonces, Merton percibía con claridad cuál es el modo de proceder del ser humano en la sociedad de su tiempo, que no ha cambiado en nada hoy. Es más, posiblemente hayamos incluso empeorado, pues lo que han sido avances en un sentido ha supuesto al mismo tiempo cierto retroceso o ningún avance respecto a la dimensión humana. La ciencia avanza, pero lo profundamente humano permanece estancado, ya que simplemente nos amoldamos a lo nuevo de forma inconsciente.

No se trata de rebelarse, como dice nuestro autor, pues caeríamos en la misma trampa, sino más bien de generar una dinámica nueva que profiera eso que andamos buscando en lo más íntimo de nosotros, y que bien podría tener que ver con la plenitud del ser en Dios. Se trata de descubrir los automatismos, la mecánica que nos hace ser parte de un mero engranaje económico, esos modelos que nos configuran como clones bajo la tiranía de un pensamiento único. Y también, desmontar los prejuicios que no permiten reconocer la humanidad profunda del otro y la diversidad bella que nos enriquece. Cuando tomamos conciencia de cada una de estas cosas, dejan de tener sobre nosotros la influencia que poseen.

Debemos dejar de conformarnos negativamente, como dice Thomas Merton, para con-formarnos con el Misterio que palpita amablemente dentro de cada uno o, como se dijo, con-formarnos con Cristo, esto es, su estilo en nosotros, su plenitud desde nosotros.

La paradoja del camino iluminativo es, por tanto, que el despertar y la iluminación del hombre interior van de la mano con el oscurecimiento y la ceguera del hombre exterior. A medida que nuestra conciencia espiritual se va despertando, la acción de nuestra conciencia exterior mundana se va aturdiendo y obstaculizando (EI, p. 130).

¿A qué se refiere exactamente Merton aquí? A un cambio de sentido, de rumbo, como apuntábamos al inicio, a abandonar las lógicas extendidas y normalizadas por el mundo y que están faltas de sabiduría. La luz, expresada en claridad, lucidez y certeza, alumbra nuestra consciencia desde dentro, al tiempo que ensombrece lo que siempre fue oscuro porque no nos permitía ver. Andábamos ciegos, y además pretendíamos guiar a otros. La luz de Dios es siempre oscuridad para el hombre por la cantidad de luminosidad que da o, si se prefiere, por un exceso de gratuidad que el ser humano no puede terminar de asimilar.

Perder nuestras lógicas tan estrechas es ganar en amplitud de miras, es posibilitar que lo profundamente humano latente en nosotros pueda ir desplegándose progresivamente desde una sencillez que no solo no alardea, sino que tampoco requiere que sea reconocida.

El único problema es que el hábito es fuerte y el automatismo habla con la autoridad de una pseudoconciencia (EI, p. 131).

Pero ante el hábito y el automatismo tenemos una salida: enfocar la atención y tomar conciencia. Ese darse cuenta que conlleva se desarrolla como don en la oración contemplativa, en el silenciamiento, en ese regreso de la atención al aquí y ahora donde advertimos intuitivamente la Presencia de Dios, donde estamos presentes en el presente en Él. Obviamente no es una cuestión que acontezca de una vez por todas, sino que requiere un hábito, un proceso en el que confluyen la intención de uno y la bondad de Dios o, si se quiere, el esfuerzo y la gracia.

Con la tentación de volver al hábito y al automatismo hay que contar siempre, pues la inercia se sustenta en la comodidad y el confort que da. Que esto suceda es incontrolable, pero ya conocemos el camino de regreso hasta nosotros, ya tenemos la llave esencial que nos coloca en el umbral: la atención amorosa al recuerdo de Dios que escondemos en nuestra propia respiración.

La gran paradoja del camino iluminativo es que cuando la vida mística empieza y hay un verdadero progreso, uno tiene la desconcertante sensación de que su vida espiritual se ha echado a perder y de que ha dejado de progresar [...] Y esto ocurre porque la vida espiritual ya no procede de los esfuerzos de nuestra tambaleante y limitada conciencia, sino que está causada por la acción oculta de Dios en nosotros y, casi siempre, pese a nosotros (EI, p. 132).

Thomas Merton, una vez más, nos lo deja claro. La sensación puede ser extraña, desconcertante, pero ese es justamente el lugar donde se oculta la garantía

89

de que es Dios quien está detrás de todo. Es más, añadiría que, gracias a ello, podemos darnos cuenta de hasta qué punto estamos más pendientes de progresar según nuestros criterios que de confiar en la misericordia. Como bien dice nuestro autor, la acción de Dios se da pese a nosotros, y eso nos asegura que nos pueda alcanzar de lleno.

Tras la lectura, ¿qué te queda…, qué te hace pensar…, qué vislumbras…?

Oración

Lo único que quiero es que me salves de mí mismo. Sálvame de mi propio y envenenado afán de cambiarlo todo, de actuar sin motivo, de moverme por placer de hacerlo, de alterar todo lo que tú has ordenado.

Permíteme descansar en tu voluntad y guardar silencio. Entonces la luz de tu alegría caldeará mi vida. Su fuego arderá en mi corazón y brillará para tu gloria. Para eso es para lo que vivo. Amén, amén (SJ, p. 73).

SIGNOS DEL MISTERIO

El monje está interesado no tanto por sí mismo como por Dios y por aquellos a quienes Dios ama [...] se ve a sí mismo y a todos los demás hombres con él a la luz de los hechos decisivos e importantes que nadie puede esquivar. La muerte, que es inevitable y pone fin a las luchas y las alegrías de la vida. El sentido de la vida, que casi siempre es oscuro y a veces parece indescifrable. La felicidad, que parece estar más lejos de las personas a medida que el mundo tiene mayor prosperidad, comodidad y confianza en su propia capacidad [...] (CM, p. 18).

En capítulos anteriores hicimos alusión a que la vida del monje no se circunscribe solo a su realidad, sino que es una imagen arquetípica del ser humano unificado, y es justamente desde aquí desde donde hay que leer este texto de Merton para que nos pueda decir algo a nosotros.

Y lo primero que se puede advertir es que la oración –y todo el proceso interior que venimos desplegando a lo largo de estas páginas bajo la lucidez de nuestro autor– no nos encierra bajo ninguna coraza, sino que nos abre mucho más al conjunto de la Creación evolutiva de Dios. Esta apertura incluye mirar los temas candentes y constitutivos del ser humano desde otro prisma más amoroso y benevolente, más desde el Misterio, para que, comprendiéndonos, podamos dialogar mejor con la Vida. De esos temas sorprende mucho el último enunciado: la felicidad, pues es paradójico que en medio de tantos avances esta se encuentre cada vez más lejos del ser humano.

Considero que a la felicidad se la ha perseguido en exceso sin darnos cuenta de que era una carrera hacia delante donde, en el fondo, aquello que buscamos es exclusivamente a nosotros mismos. Una búsqueda cerrada que nos aísla en nuestras fantasías y sueños de todo tipo, arrojándonos sin más a un futuro prometedor o atándonos a un pasado que siempre nos parece que fue mejor. En esa huida hacia delante nadie se queda en el presente, nadie está presente y, en consecuencia, nadie vive en la presencia, que insta siempre a un compromiso mayor con la realidad porque nos abre los ojos.

Debemos empezar por aprender a considerar y respetar la creación visible, que es un reflejo de la gloria y la perfección del Dios invisible.

La creación visible se mantiene en existencia por la palabra [...]. Si buscamos a Jesús, la palabra, debemos poder verlo en las cosas creadas que nos rodean, en las colinas, en los campos, en las flores, en los pájaros y animales por él creados, en el cielo y en los árboles. Debemos ser capaces de verlo en la naturaleza (CM, p. 33).

Esta apertura no es meramente visual, sino que afecta a todo nuestro ser, que se vuelve sensible y receptivo para reconocer lo que de divino alberga el mundo. La Creación es concreción del amor de Dios, que llega a su plenitud en Jesús, la Palabra encarnada. El misterio que él encierra en su vida pone al descubierto el nuestro; por eso es el mejor espejo en el que nos podemos mirar. Pero hay que tener cuidado, porque no estamos llamados a ser como él, sino a ser él en nosotros, a desplegar el Cristo interior que nos conforma a él.

La naturaleza se convierte para nosotros en signo, en sacramento que nos remite al Hacedor. Su presencia bondadosa es patente a poco que la contemplemos desde el asombro. Solo desde aquí, lo ordinario puede tornarse en extraordinario y desvelar lo que custodia en su esencia: el pálpito bueno de Dios, que nos vincula y hermana.

Merton nos invita a poner conciencia de ello una vez que vamos logrando vivir desde el interior, desde esa otra lógica que venimos aprehendiendo y que no interesa para nada al hombre exterior, que queda atrapado en sí mismo.

Es necesario, sobre todo, que veamos todas las cosas materiales a la luz de la encarnación. Tenemos que respetar a toda la creación, porque la palabra se hizo carne. […] Las cosas materiales que nos rodean son santas por nuestros cuerpos, que son santificados por nuestras almas, santificadas a su vez por la presencia de la palabra que habita en ellas (CM, pp. 34-35).

Es Dios en nosotros quien sostiene y despliega nuestra vida y la pone en sintonía y armonía con el resto del mundo. Es Dios en el alma y en cada alma, en la profundidad constitutiva de todo cuanto existe, expresión visible en tanto que es palabra encarnada. Es justamente por esto por lo que el respeto debe ser la manera desde la que se construyan las relaciones. No cabe el daño, el aprovechamiento ni el destrozo de aquello que posee la misma santidad de la que gozamos todos.

La mirada debe ir más allá de la forma en que se manifiesta cualquier cosa, tiene que ir al fondo, al terreno desde donde todo se erige. Nada hay que no responda a un «sí» que lo ha hecho existir, nada hay que esté fuera de Dios, por lo que es incomprensible que nuestra mente, ese hombre exterior del que hemos hablado, siga sujetando y defendiendo razonamientos que están esencialmente infundados. La diversidad de las formas es un guiño de Dios para que podamos reparar en la maravilla de la variedad que se sostiene en su misma unidad. Exactamente eso que advertimos cuando ensanchamos nuestra mirada y nos recreamos en la contemplación de un paisaje. Su grandeza radica en la armonía que desprende la variedad de formas y colores que muestra.

Todo está santificado porque está habitado, por lo que es imposible comprender que una persona que vive desde su yo verdadero, desde su ser interior, no llegue a cuidar todo lo que circunda su vida y que le ha sido dado. Ante el reconocimiento de la gratuidad solo existe una respuesta posible: el agradecimiento.

Mientras el mundo, esclavo de sus propias nece-
sidades y deseos materiales, enloquece de ansiedad,
el monje, libre de la angustia, vive en la paz del «sá-
bado» del amor divino [...].
En la noche de nuestra tecnología irracional, los
monjes tienen que ser como árboles que se alzan si-
lenciosamente en la oscuridad y purifican el aire con
su presencia vivificadora (CM, pp. 58-59).

Reconocer el miedo, la angustia, la ansiedad, la hipervelocidad que caracteriza al mundo hoy día debe ayudarnos a sembrar y cultivar en nosotros una paz que sea siempre consecuencia de una relación, de un Encuentro amoroso y transformador por parte de Dios. Esa paz que no hay que airear porque sencillamente se contagia por benevolencia y que es el mejor regalo que podemos llevar allí donde estemos. Hay, en este sentido, una especie de discreción sanadora que arrolla desde la calma que contiene toda presencia transformada.

En medio de la noche solo queda mostrar la luz que no se improvisa porque se enciende desde dentro, como una estrella, que sencillamente es lo que está llamada a ser. No hay que ser más grande ni mejor, sino sencillamente dejar que lo propio de cada cual salga y se irradie desde la autenticidad y singularidad desde la que se constituyó.

Es siendo lo que somos como podemos purificar el aire enrarecido que no permite que la luz ilumine y alegre la vida.

Tras la lectura, ¿qué te queda…, qué te hace pensar…, qué vislumbras…?

Oración

Voy a ir a ti, Señor, por mil callejones sin salida. Tú quieres llevarme a ti atravesando muros de piedra (DS, p. 23).

EL SENTIDO ES AMOR

El amor no conoce preguntas. Es el fundamento de todo, y las preguntas surgen solo si estamos divididos, ausentes, apartados, alienados de ese fundamento.

La precisa naturaleza de nuestra sociedad es producir esta división, esta alienación, esta separación, esta ausencia. Consecuentemente vivimos en un mundo en el cual, aunque nosotros lo desordenamos con nuestras posesiones, proyectos, nuestras explotaciones y nuestra maquinaria, nosotros mismos estamos ausentes (AyV, p. 28).

Esta cuestión ha estado presente de un modo u otro porque es esencial. Lograr percatarnos de que cuando nos sentimos amados y amamos no hay necesidad de preguntas no es una cuestión baladí, pues la plenitud que anhelamos bien podría llamarse amor. De hecho, la separación, la escisión que advertimos en nosotros y que nombramos de muchas maneras tiene que ver con el deseo de unificación que nos constituye interiormente.

Sorprende descubrir que hemos creado un mundo que nos deja a medias y que solo refleja nuestra necesidad personal de sentirnos apreciados y reconocidos. El mundo no nos devuelve una imagen que desvela la bondad de Dios para con nosotros y de la que nos podríamos sentir incluso deudores, sino que más bien reflecta algo que tiene que ver con la arrogancia y con una sensación que habla de que somos merecedores. Pareciera que la tentación estaría en reprocharle a Dios que no sé dé cuenta de lo buenos que somos, de nuestra grandeza, de todo lo que sabemos hacer, y, cuando sucede esto, la sombra de Adán aparece en nosotros porque deseamos ser aquello que no somos.

Merton habla de que estamos ausentes, y esto tiene que ver con el hecho de que es el personaje que hemos construido el que aparece en escena, quien desea dejar su impronta, y no lo que somos esencialmente. Es nuestro personaje, el rostro personal, el que alardea y el que deja también todas sus limitaciones egoicas a la intemperie.

El mundo es Amor. Pero a veces olvidamos que la palabra emerge del silencio. Cuando no hay silencio, entonces, la Única Palabra que Dios pronuncia no se oye realmente como Amor. Solo se oyen «palabras». Las «palabras» no son amor, puesto que son muchas y el Amor es solo Uno. Cuando hay demasiadas palabras, perdemos la conciencia del hecho de que realmente solo hay Una Palabra. La única Palabra que Dios dice es Él Mismo (AyV, p. 29).

Las palabras que cada cual pronuncia con la única finalidad y deseo de sentirse oído, que no escuchado, no generan más que ruido. Vamos dando voces con nuestro modo de estar porque pensamos que esta es la manera de que se nos vea, de que alguien caiga en la cuenta de que estamos ahí. Ansiamos hacernos notar porque de lo contrario somos invisibles y nos hacemos ausentes, porque creemos que es el único modo de dejar constancia de nuestro paso por la vida.

Dios opera de otro modo, es discreto; tanto, que no reparamos en la vitalidad de su presencia; tanto, que somos ignorantes, ya no solo porque no sabemos reconocerlo, sino porque tampoco logramos verlo en la hondura que desvela toda sencillez: un beso, una caricia, un pétalo, una brisa, un rostro, una palabra de aliento...

En la verborrea nos perdemos a nosotros mismos y se desvanece la escucha silenciosa necesaria, que permite reconocer la Única Palabra de Dios que sigue sonando fuera y resonando dentro, esa Palabra de amor que podemos auscultar cuando nuestros egos se silencian, cuando advertimos que todo es don de Dios, gratuidad donada, amor en exceso que es acogido cuando descubrimos que estamos aquí exclusivamente por Él. El Amor siempre es una entrega que solo se comprende cuando se recibe, como el agua que, brotando de la fuente, busca el mejor cauce para discurrir y humedecer de un modo u otro todo lo que contacta con ella.

La Única Palabra es oída solamente en el silencio y la soledad del corazón vacío, del corazón desinteresado, del corazón indivisible, del corazón que está en paz, separado de todo, libre, sin preocupaciones (AyV, p. 30).

Y aquí está la clave en la que venimos ahondando. La clave se descubre cuando cultivamos nuestro interior silenciándolo, ensanchando la escucha, despertando la conciencia. La esencialidad del silencio atraviesa no solo la práctica meditativa, sino el propio discurrir de la vida. Silencio como apertura, lugar de encuentro, disponibilidad y acogida. Silencio como tierra y fermento, como simiente desde la que puedan brotar palabras desde la Palabra, aquellas palabras de vida de las que hablaba Jesús de Nazaret.

La paz es una emergencia silenciosa, es el brote que dimana de la quietud, la serenidad y la calma cuando la vida no es arrollada por la prisa, la inmediatez y la urgencia, cuando lo importante encuentra su sitio sin que arrolle el ritmo suave que precisan las cosas de Dios.

La mente hiperactiva se convence a sí misma de que está despierta y productiva, pero está soñando, se está dejando llevar por la fantasía y la duda. Solo en el silencio y la soledad, en la calma de la adoración, en la reverente paz de la oración, es donde el yo se silencia y se humilla en presencia del Dios Invisible para recibir Su Única Palabra de Amor (AyV, p. 32).

Thomas Merton aclara, porque lo sabe, que la hiperactividad mental nos arrastra. Eso también lo sabemos nosotros, pero tal vez lo que más cuesta es reconocer que, en el fondo, ese modo de vivir y actuar es una ilusión que hemos construido y que creemos que sigue siendo necesaria porque está normalizada. La *normosis* desde la que vivimos esto, y otras tantas cosas, nos ciega sobremanera y no nos permite reconocer que lo esencial, lo bueno, requiere otros tiempos.

La soledad y el silencio son una suerte de dos manos con las que atender nuestra realidad interior para que Dios pueda imprimirle otro dinamismo. Si lo permitimos, salimos de nuestra altanería y ocupamos el lugar que nos corresponde, que está siempre más abajo, cerca de la tierra, del *humus* que nos constituye en humanos y que, curiosamente, tiene que ver con la humildad. Una vez abajo podemos ser levantados con la Única Palabra que desea que nos mantengamos vivos, que estemos en pie desde Él, animados por su mismo Espíritu.

Uno abre la puerta interior de su corazón a los silencios infinitos del Espíritu, fuera de cuyos abismos el amor brota como un manantial, sin fallos, y él mismo se entrega al todo. En su silencio, el significado de cada sonido resulta finalmente claro. Solo en su silencio puede ser distinguida la verdad de las palabras, no en sí separación sino en sí relación con la unidad central del Amor. Entonces todas las palabras dicen solo una cosa: que todo es amor (AyV, p. 33).

Somos vibración de un sonido que no ha dejado de emitirse, cuyo timbre es amable, cuya frecuencia es justa y cuya nota es siempre Sí. Un Sí amoroso creador de todos los lugares donde resuena. Advertir la nota en nuestro corazón es reconocernos amados, pues nadie puede entregar nada si antes no se le dio. Amamos porque fuimos amados. Reconocer en todo nuestro ser esta experiencia desvela el misterio y el sentido de la vida. Nuestra existencia es la amorosa expresión de aquel que sencillamente Es.

Tras la lectura, ¿qué te queda…, qué te hace pensar…, qué vislumbras…?

Oración

Méceme, Espíritu Santo, en tu oscura nube de plata y protégeme del calor de mis propias palabras, de mis propios juicios y de mi propia visión. Líbrame de la enfermedad del consuelo y el deseo, del temor y la aflicción que brotan del deseo. Yo te daré mi voluntad para que tú limpies y aclares todo este barro (DS, p. 27).

LA BELLEZA DEL MANDALA

Cómo ganarnos la vida eficientemente y sin perder nuestro carácter «monástico»; cómo mantener nuestra atmósfera de silencio y, sin embargo, comunicarnos más espontáneamente entre nosotros; cómo disponer el oficio, el tiempo de trabajo, el estudio, etc.; sobre todo, cómo enfrentarnos a las contradicciones dentro de un sistema que, al mismo tiempo pero desde diferentes puntos, nos urge a ir hacia delante y nos prohíbe movernos (AC, p. 123).

Lo que Thomas Merton se pregunta apunta indirectamente a cuestiones que son extrapolables al resto de cristianos, sea cual sea su condición de vida. Si bien la pregunta última en relación a la movilidad es un tema más propio de todos los contextos de clausura, el resto tiene que ver con todo el mundo en la medida en que estamos llamados a realizar el arquetipo monástico en nosotros.

La pregunta en la que confluyen todos estos interrogantes tiene que ver con el hecho de plantearnos aquello que Jesús ya dijo: cómo estar en el mundo sin ser del mundo o, si se prefiere, cómo mantener el cultivo interior mientras logramos no sucumbir a la seducción del ritmo que lleva el mundo. Cómo lograr que nuestra interioridad abonada y cultivada no perezca bajo la cadencia arrolladora de este vivir que hemos malogrado. ¿Realmente se puede hacer algo?

Quizá resulte ser sorprendente, pero las claves se han ido desarrollando a lo largo de todos los días anteriores. Se ha hablado de sencillez como la base creíble de todo lo que tiene que ver con Dios, de la humildad, la soledad y el silencio, de la oración contemplativa, la fe, la confianza... Pero todo ello requiere compromiso, y hablar de esto tiene que ver con la necesidad de reconocer el amor que albergamos dentro, esto es, descubrir con claridad lo que somos.

La noción de «renacimiento» no es exclusiva del cristianismo. En el sufismo, en el budismo Zen y en muchas otras tradiciones religiosas o espirituales se subraya el llamado a realizar ciertas potencialidades oscuras pero urgentes del fundamento de nuestro propio ser, a «convertirnos en alguien» que (potencialmente) ya somos, la persona que realmente hemos nacido para ser (AC, p. 125).

De nuevo una paradoja que cuesta asumir. Si no soy quien creo que soy, ¿qué o quién soy? La respuesta a esta suerte de acertijo no está cerrada, sino que es un proceso, un itinerario para ir aprendiendo a soltar los ropajes y las máscaras que hemos ido construyendo a lo largo de nuestra vida para sobrevivir. Un sobrevivir que, dicho sea de paso, hemos confundido con vivir. Por esto es por lo que Merton habla del concepto de renacimiento, esa especie de volver a nacer (como le instó Jesús a Simeón) para dejar que se despliegue el ser que somos, lo más genuino de nosotros, esa singularidad irrepetible a través de la cual Dios se expresa.

Ese renacer es para convertirnos en alguien, pero no en aquel que los demás y los reclamos que nos llegan esperan que seamos, sino en otro original que no depende de nadie ni de nada. Esto es justamente lo que tiene que ver con el desarrollo de las potencialidades latentes que quizá estén ahí ocultas porque hemos dedicado mucho esfuerzo a desarrollar otras que incluso podrían no ser nuestras. Esto es una experiencia fácilmente reconocible, pues se parece a esa otra que sucede cuando nos damos cuenta de que hemos querido ir a un lugar, pero en el fondo no lo deseábamos y, simplemente y por educación, hemos terminado yendo.

Renacer, también, a la oportunidad que se nos brinda cada día y a cada momento para reconducir nuestra vida desde nuestra interioridad, desde ese ser espiritual que somos.

En el mejor de los casos, la adaptación a la sociedad ayuda al hombre «a vivir con su enfermedad en lugar de curarla», sobre todo si la atmósfera general de la sociedad es malsana porque acentúa en exceso las formas cerebrales, competitivas y adquisitivas de la afirmación del ego (AC, p. 127).

Caer en la cuenta de que nos hemos adaptado puede ser otro punto de partida idóneo para reconocer que la comodidad sostiene muchas veces nuestro modo de proceder. Lo fácil es generalizar para justificar lo propio y así quedarnos como y donde estamos. De hecho, otro problema de nuestros días tiene que ver con el conformismo y la derrota por adelantado, fruto de la incapacidad a la hora de sostener las frustraciones. Dar por hecho que esto es lo común nos justifica, a la vez que condena la posibilidad de cambio latente en cada persona.

Merton se da cuenta de que hay una inflación de lo mental, de las formas cerebrales, dice él, que han racionalizado de más el mundo, hasta el punto de desconectarlo de algo más esencial aún, que es su dimensión emocional y volitiva. Estamos en un momento en que la razón no ilumina, sino que satura la visión, condenándola a una ceguera difícil de remediar. La salida no pasa por la elección, sino por la integración, esto es, por conseguir vivir en su justa medida desde las distintas dimensiones que configuran lo humano. Vivir contemplando la armonía lúcida y compasiva que es todo un *mandala* humano.

Es el exceso de racionalidad, de control, de cálculo, el que dinamiza nuestra sociedad desde la competitividad y el consumo, relegando la solidaridad y la colaboración a una suerte de buenismo que echa por tierra nuestra afectividad. Lo patriarcal masculino, polarizado desde nuestra dimensión analítica y racional, no está dejando espacio suficiente a ese otro modo de operar más sintético, sensible y creativo que también forma parte de nuestra mente. De este modo, nuestro ego anda tuerto, porque no reconoce el parche que se ha autoimpuesto.

Pero aclaremos que por lo general un pleno desarrollo espiritual y una madurez sobrenatural e incluso carismática, como se muestran en el «santo», incluyen normalmente la idea de una integración psicológica completa. No cabe duda de que muchos santos han sido neuróticos, pero han utilizado su neurosis en interés del crecimiento, en lugar de capitular y sucumbir ante sus dudosas comodidades (AC, p. 129).

Resulta del todo interesante que Thomas Merton hable de integración psicológica cuando la mayoría de estas cuestiones se pretendían abordar solo desde un enfoque espiritual. Creo que pone el acento en un tema que complementa la dimensión interna espiritual de la persona, pues también estamos constituidos por una dimensión psicológica que es necesario considerar y atender.

Creo que necesitamos reflexionar sobre este asunto, porque también podría ser una tentación, y lo ha sido siempre, responsabilizar a la Providencia de nuestro modo de ser. A estas alturas en las que estamos se sabe de sobra que la personalidad, configurada por el temperamento con el que se nace y el carácter que se desarrolla, es modificable. Pero, para que esto pueda llevarse a cabo y pueda darse ese renacimiento que se señalaba anteriormente, lo primero es reconocer el punto en el que estamos, mirar de frente nuestra realidad y tener claridad respecto a por qué hay que cambiar, o bien por qué no. Ni que decir tiene que la neurosis, que se traduce por todo aquello que no nos permite ver ni reconocer, también se encargará de modular esta cuestión.

Obviamente, y esto es lo que señala Merton, uno puede ser neurótico (y lo somos todos en alguna medida) y estar al servicio del Evangelio y entregarse desde ahí, pero la cuestión es desde dónde lo hace y cuánto de sí mismo, de sus intereses y comodidades hay en este hecho. Creo que la plenitud a la que somos llamados nos exige un paso más, una apertura del corazón al viento del Espíritu, que siempre moviliza y nunca deja indiferente a nadie.

La integración final implica el vacío, la pobreza y la no acción, que dejan al hombre totalmente dócil ante el «Espíritu», convertido por ende en potencial instrumento de una creatividad excepcional.

El hombre que ha logrado la integración final ya no se halla limitado por la cultura en la que ha crecido. «Ha abrazado la totalidad de la vida... Ha experimentado las cualidades de todo tipo de vida»: la existencia humana ordinaria, la vida intelectual, la creación artística, el amor humano, la vida religiosa (AC, pp. 130-131).

Tras la lectura, ¿qué te queda..., qué te hace pensar..., qué vislumbras...

Oración

En cierto sentido, siempre viajamos; viajamos como si no supiéramos adónde vamos. En otro sentido, ya hemos llegado.

No podemos llegar a la perfecta posesión de Dios en esta vida; por eso viajamos en la oscuridad. Pero ya lo poseemos por la gracia y, por lo tanto, en ese sentido ya hemos llegado y vivimos en la luz.

Pero, ¡ah, qué lejos he de ir a encontrarte a ti, a quien he llegado ya! (MSC, p. 459).

LUZ EN LA VIDRIERA

No estar restringido a las limitaciones externas con las que se describe un tipo concreto de conciencia religiosa es ser capaz de ser fiel a la propia tradición religiosa y, al mismo tiempo, ser plenamente consciente de las posibilidades de que otras tradiciones arrojen luz sobre la nuestra e, incluso hasta cierto punto, participar en su experiencia. Pero para ello hay que universalizarse. Nosotros utilizamos la palabra «católico» (EC, p. 182).

El ahondamiento al que conduce la oración se torna en apertura de miras, desarrolla en cada uno una conciencia expandida que es capaz de integrar, que logra reconocer la unidad que hay bajo todas las formas, la única luz que, atravesando la vidriera, proyecta infinidad de siluetas y colores. Esta es, además, una buena manera de medir lo cerca que estamos de nuestro centro. Cuanto más centrados, tanto más abiertos andamos por la vida, tanto más reconocemos en la multiplicidad la unidad desde la que todo emerge.

Merton, en esta cita que se corresponde con las últimas charlas que tuvo en su vida, donde el diálogo religioso ocupó un lugar importante, apunta al reconocimiento y disfrute de la diversidad mediante la cual Dios se manifiesta. Partiendo del lugar en el que estamos podremos salir al encuentro del otro en su propia tradición, desde sus propias experiencias, que definen su vida desde dentro, desde ese lugar prístino central desde el que todo emerge graciosamente, esto es, desde y por la gracia.

Partir de la certeza de que lo propio no es lo mejor o, si se prefiere, es lo mejor respecto a que es único, pero al mismo tiempo no excluyente, nos sitúa como aprendices de un Misterio que se narra en todas las formas mediante múltiples posibilidades. La experiencia de Dios es universal, de ahí que haya que universalizar la propia vivencia de Él, esto es, abrirla de par en par a la riqueza hermosa con la que se muestra en otros lugares, culturas, rostros y lenguajes.

Así pues, la Biblia, la constitución interna del hombre y la constitución del cosmos son en realidad aspectos de la misma realidad. En proporción, a medida que el hombre profundiza en el texto revelado, también se comprende mejor a sí mismo y, entonces, en él, se abren las leyes secretas del cosmos. Cuando se convierte en un hombre cósmico, se corresponde completamente con la revelación que está en el Corán, y con las leyes internas del universo (EC, p. 185).

Todo libro sagrado habla del ser humano del mismo modo que cada ser humano habla de lo Sagrado porque precisa comprenderlo, porque necesita comprenderse. Fuera no encuentra nada que le sea ajeno, al igual que cuando mira dentro de sí. Como es adentro, es afuera. Como es arriba es abajo y, descubrir esto tiene que ver con advertir el alcance de la Encarnación de Dios. La Escritura habla del Hijo de Dios para que podamos descubrir la magnitud que posee eso para nuestra vida interior. Cuando leemos, nos leemos en lo más íntimo de nosotros. Cuando nos miramos en los textos sagrados de cualquier tradición, lo que encontramos no son más que aproximaciones de nuestra historia, que es una pequeña y bella parte de la historia de todo.

La universalidad de la experiencia, acceder a la dimensión cósmica de la misma, tiene relación con lo cosmoteándrico que formuló Raimon Panikkar: esa vivencia singular, esencial y radical que permite vivir una unidad con la Realidad única en la que no solo estamos, sino que también somos. Esa conciencia de unidad es el horizonte donde confluyen todos los caminos que buscan a Ese en el que ya hemos sido encontrados. Horizonte que es fondo sustancial desde el que la Vida se despliega, se desvela y revela, mientras la vamos saboreando en pequeños sorbos.

Una de las cosas que más necesitamos recuperar hoy en nuestro culto y en nuestra vida espiritual es esta admiración por la sabiduría de Dios [...]. Seguimos teniendo demasiada mentalidad turística: simplemente vas allí; hay un templo enorme y así va la cosa: «ya he visto ese templo, marca otro». Pero en realidad, estás en un gran mundo con toda suerte de ricas correspondencias y, entrar en él es realmente abrirse a una clase de conciencia mucho más elevada (EC, p. 186).

Recuperar eso que Thomas Merton expresa pasa por ir transitando ese trayecto interior que hemos ido perfilando a lo largo de las páginas, ese compromiso interior con la práctica meditativa que nos descentra de nosotros y permite que nuestra mirada adquiera la cualidad del asombro. Es justamente este el que permite la admiración, que no deja de ser el reconocimientos sorpresivo y alegre de una grandeza encubierta de sencillez, esto es, esa forma tan gentil que Dios tiene de mostrar su sabiduría y misericordia.

Pero para esto hay que aprender a detenerse, a pararse frente a la realidad, la nuestra y la de fuera, porque necesitamos tiempo para silenciar nuestras voces y acallar las urgencias que arrastran nuestra atención del presente, el único en el que acontece lo extraordinario. Esto no es nada sobrenatural, sino la revelación de la profundidad que habita en lo cotidiano. Si continuamos vagando por la vida en lugar de peregrinar por ella, caemos en la rutina del turista, que solo fotografía para coleccionar imágenes inertes porque no logró habitar la experiencia.

Cuando abrimos el corazón de par en par a la Presencia de Dios, nos hacemos presentes desde Él y nuestra conciencia se eleva por encima de lo ordinario, permitiendo que lo singular de cada lugar, cada cosa y cada gesto se muestre diáfanamente.

*La voluntad santa de Dios y su poder como crea-
dor se manifiesta en la creación y se corresponde con
mi propia vida cuando me abro a estos niveles más
profundos de conciencia. [...] Esta profundización
de la conciencia es, en definitiva, obediencia al propósito más profundo de Dios al crearme. Él me creó
con estas dimensiones secretas de mi ser, y el propósito de mi vida es trabajar para desvelarlas estudiando
el Corán, y por estos otros métodos [...]* (EC, pp.
189-190).

Si es la voluntad de Dios lo único necesario, lo
mejor que cada uno puede hacer es consentir que
esta se exprese en nuestra vida. Permitir que él se
diga a través de nosotros es lograr menguar nuestra
pequeña voz, que cree tener la receta de todo cuanto
vive, pues olvidamos que fuimos hechos a Imagen y
Semejanza suya y no a la nuestra.

Cuando auscultamos y palpamos el verdadero clima que hay en nuestra morada interior, si logramos
entrar en el Castillo del que tan bien habló Teresa de
Ávila, si atravesamos las Noches que San Juan nom-
bró con tanto tino, entonces nuestra conciencia se ex-
pandirá como una flor que se abre ante el influjo deseado de la luz del sol. Al final, no estamos haciendo
nada que vaya en contra de nuestro ser verdadero,
sino que sencillamente, a pesar de la complejidad y
dificultades del proceso, estamos favoreciendo la rea-
lización del propósito profundo que Dios depositó en
nuestra alma.

Obviamente, nada de esto está tan a mano como nos gustaría, pues nuestro falso yo, ese *ego* que busca repetidamente autoafirmarse, no solo ha desarrollado sobre sí un nivel de complejidad grande, sino que además se ha hecho esclavo de él. Ahora toca aprender a soltar, sabiendo que ello requiere vivir toda suerte de incomodidades y dolencias, teniendo claro que al final lo que veremos es lo que verdaderamente somos o, como dijo san Pablo, veremos a Dios cara a cara.

Peregrinar camino del corazón desde el silencio y la quietud es el mejor modo de ir atravesando las capas que ocultan nuestra identidad y que no permiten que nos reconozcamos en los demás, sean de donde sean, crean en lo que crean.

La idea de concentrar los sentidos y la experiencia en el corazón es habitual en el sufismo, en el hesicasmo y en el yoga, especialmente en el bhakti yoga. Es una forma práctica de educar el propio cuerpo para llevar una vida totalmente centrada en un centro espiritual. [...] Uno debe simplemente dirigir su conciencia hacia Dios, o hacia alguna verdad profunda, importante, central; la fe dirigida hacia el centro (EC, pp. 194 y 198).

Tras la lectura, ¿qué te queda…, qué te hace pensar…, qué vislumbras…?

Oración

¡Oh, Dios! Somos uno contigo. Tú nos has hecho uno contigo.

Tú nos has enseñado que si permanecemos abiertos unos a otros, tú moras en nosotros. Ayúdanos a mantener esta apertura y a luchar por ella con todo nuestro corazón. Ayúdanos a comprender que no puede haber entendimiento mutuo si hay rechazo.

¡Oh, Dios! Aceptándonos unos a otros de todo corazón, plenamente, totalmente, te aceptamos a ti y te damos gracias, te adoramos y te amamos con todo nuestro ser, porque nuestro ser es tu ser, nuestro espíritu está enraizado en tu espíritu. Llénanos, pues, de amor, y únenos en el amor conforme seguimos nuestros propios caminos, unidos en este único Espíritu que te hace presente en el mundo y que te hace testigo de la suprema realidad que es el amor. El amor ha vencido.

El amor es victorioso. Amén (DA, p. 281).

UNA VIDA NARRADA

¡Qué cantidad de cosas desde el último día de retiro mensual...! Es como si hubiese pasado un año. Sigo pensando en la profesión solemne, y cada vez que me viene a la mente me siento más profundamente feliz. Solo hay una cosa por la merezca la pena vivir: el amor. Solo existe una infelicidad: no amar a Dios. Lo que apena en los días de retiro es ver mi propia alma tan llena de movimientos, sombras y vanidades de contracorrientes de viento seco que remueve el polvo y la basura del deseo. No espero poder librarme de esta humillación en toda mi vida; pero ¿cuándo resultará esta más limpia, más sencilla, menos hiriente? (D, pp. 47-48).

En este momento del itinerario quizá solo quede echar un vistazo a algunas notas de las múltiples entradas que Thomas Merton realizó en sus diarios. Tal vez releer su propio relato en primera persona sea una excusa hermosa y buena para recapitular lo que ha sido esta especie de retiro-lector que hemos ido realizando juntos. Posiblemente, repasar y recordar las distintas respuestas que hemos ido dando después del reposo de cada uno de estos quince días pueda arrojarnos algo más de luz y, sobre todo, brindarnos la oportunidad de realizar nuestra propia síntesis vital.

Inmersos en la lectura de un libro, no advertimos que, en el fondo, sucede lo mismo que con la vida: todo va pasando, todo se va sucediendo, pero siempre dejando un poso que solo logramos reconocer más adelante, cuando logramos cierta perspectiva respecto a lo vivido. Y esto es justamente lo que le sucede a nuestro monje cuando cae en la cuenta de que, en última instancia, tras tanto vivido, lo más importante tiene que ver con el amor, pero ese Amor que escribimos de otra forma porque bulle de otro lugar más hondo.

Caer en la cuenta de esta realidad esencial reconfigura nuestra vida de tal manera que nuestras prioridades cambian. Casi sin percibir cómo, nuestra atención comienza a separar lo esencial con sentido, de tanto superfluo vacuo.

A ti, que duermes en mi pecho, no se te encuentra con palabras, sino en la vida que resurge dentro de la vida y en la sabiduría que se manifiesta dentro de la sabiduría. Contigo se cierra toda posibilidad ulterior de diálogo, de crítica y de oposición. ¡A ti se te encuentra en comunión! ¡Tú en mí y yo en ti, y tú en ellos y ellos en mí: desposeimiento sobre desposeimiento, ecuanimidad sobre ecuanimidad, vacío sobre vacío, libertad sobre libertad! Yo estoy solo. Tú estás solo. El Padre y yo somos uno (D, p. 101).

Estas letras oracionales, que descubren una confesión experiencial concreta de Merton, no son exclusivas suyas, sino un horizonte al que nos vamos dirigiendo conforme nos acercamos a Dios a través de nuestra vida. No se trata de algo inalcanzable, como tantas veces se nos ha hecho creer cuando hemos dirigido nuestra mirada a los santos y santas que veneramos, sino que la experiencia de cada uno es un camino propositivo, una oportunidad para descubrir lo singular de la vida de cada persona. La Meta es ese Horizonte al que conducimos nuestra marcha.

Uno de los rasgos distintivos de ese acercamiento-ahondamiento tiene que ver con la experiencia de comunión. Esta nos sitúa en una relación de horizontalidad que permite reconocer una verdad radical: todos los ríos dan al mar. La comunión tiene que ver con sentirnos en sintonía, en una suerte de hermandad transversal que nos hace reconocer que todos somos agua. Cada río adquiere una forma, unos contornos, sortea una serie de obstáculos, atraviesa ciudades y templos que los veneran de un modo concreto, pero al final, en última instancia, lo esencial nos conecta con el mar en el que desembocaremos y también con el cielo del que un día partimos.

Todos estamos en todos, porque ese Todo mayor nos estrecha en lo esencial a la vez que nos diferencia en las formas. La Unidad se torna múltiple para que podamos admirar, en lo concreto y particular, la grandiosidad de su sencilla majestad.

Hoy, de nuevo, la gran obra de la salida del sol.
La terrible solemnidad del acontecimiento. La
santidad. Insoportable sin oración y liturgia. ¡Me re-
fiero a que es insoportable si realmente tú lo dejas
todo de lado y ves lo que está pasando! Sin duda,
muchas personas tienen una vaga conciencia del ama-
necer, pero la liturgia neutralizadora de su propia
sociedad, de su propio mundo, en el que el sol ya no
sale ni se pone, las protege de la solemnidad de este
fenómeno de la naturaleza (D, p. 175).

En lo diario, en lo cotidiano, se juega insólita y
repetidamente nuestra vida. Es en el acontecer de cada momento donde reside la posibilidad de maravi-
llarnos de esa originalidad que le es propia porque
es irrepetible, porque lo que va sucediendo posee la
presencia del Espíritu que lo anima, lo alienta y dignifica.

Merton advierte estos detalles que lo ayudan al
mismo tiempo a ir afinando su sensibilidad. Esta capacidad de ir penetrando en el Misterio desde lo que
va viviendo no solo le permite reconocerlo, sino también mostrarlo a través de su palabra, aunque en muchas ocasiones sepa que apenas puede balbucear la
inmensidad de la experiencia que lo supera y trasciende, que está infinitamente más allá de lo que logra
contener en su modo de describir y narrar.

Su forma de vivir, desde su etapa alocada univer-
sitaria, desde su conversión y su búsqueda, desde esa
elección por la vida cisterciense desde la que también
afrontó sus dudas y anhelos, hasta la última etapa

abierta a un diálogo interreligioso fecundo, todo fue perfectamente orquestado por Aquel de quien se fio. Todo ese itinerario, todo su periplo vital está denotado en un lenguaje que lo va acompañando en su propia comprensión de sí mismo y que se hace pregunta para nosotros: ¿qué no estás viviendo tú que no se te esté dando?

En mi mente va calando (muy lentamente) la idea de que pronto abandonaré este lugar, para vivir durante mucho tiempo pendiente de una maleta: todas mis «pertenencias» caben en los veintidós kilos que aproximadamente se permite llevar a quienes viajan en avión. Abandonaré mis libros, mi casita, la seguridad, el tiempo para escribir, el tiempo para estar solo, y me encaminaré hacia un destino desconocido, únicamente con algunos planes de futuro, planes que pueden sufrir amplísimas modificaciones. Tal vez no sea fácil. De hecho, puede ser muy difícil. Ciertamente, difícil de hacerlo bien. Todo esto me deja confundido, y la única manera de encontrarle un sentido es la oración (D, p. 336).

Al final, sin darnos cuenta, la vida vira de manera sorpresiva, aunque no lo hace de un modo tan radical como muchas veces nos parece. En muchas ocasiones nos va dando señales, indicios de por dónde puede discurrir la propuesta que Dios tiene para cada uno de nosotros.

A veces, lo único que sabemos es que toca abandonar la dinámica rutinaria que en un momento nos ayudó a comenzar, a dar fruto, pero que más adelante necesita romperse para que puedan germinar otras semillas que, ocultas en nosotros, forman parte de ese llamado sagrado que albergamos dentro.

Estoy convencido de que, después de todo y como bien señala Merton, lo único que debemos tener claro es que la oración es la única que nos sitúa en la dinámica de Dios y que, además, puede ser el suelo confiado desde el que poder continuar escribiendo la bienaventurada biografía con la que el Misterio nos ha agraciado. Ese proceso que nos permite reconocer la llamada y que también podamos dar una respuesta confiada acorde al don que ha sido depositado en nuestra alma.

Tras la lectura, ¿qué te queda…, qué te hace pensar…, qué vislumbras…?

Oración

Tú has escuchado, Señor, el grito de mi corazón, porque fuiste tú quien gritó dentro de él.

Perdóname por haber tratado de suscitar tu presencia en mi silencio. Eres tú quien debe crearme dentro de tu propio silencio! ¡Solo esa novedad puede salvarme de la idolatría! (HNI, p. 232).

PARA SABER MÁS

1. Escritos de Thomas Merton

Acción y contemplación, Kairós 1982, 195 págs.

Ascenso a la Verdad, Lumen 2008, 334 págs.

Conjeturas de un espectador culpable, Sal Terrae 2011, 414 págs.

Curso de mística cristiana, Sígueme 2018, 254 págs.

Curso sobre los Padres del Desierto, Sígueme 2023, 221 págs.

Diario de Asia, Trotta 2000, 378 págs.

Diarios 1939-1968, Mensajero 2014, 376 págs. Selección de textos de los siete volúmenes de Diarios de Thomas Merton que se conservan en inglés.

Dirección espiritual y meditación, Descleé De Brouwer 2010, 110 págs.

El camino monástico, EDV 1996, 231 págs.

El clima de la oración monástica, Descleé De Brower 2018, 165 págs.

El signo de Jonás, Descleé De Brower 2007, 412 págs.

El zen y los pájaros del deseo, Kairós 2008, 181 págs.

Encuentros en California, Sal Terrae 2024, 451 págs. Recoge las transcripciones de unas charlas que Thomas Merton dio en el monasterio de Redwoods en el último año de su vida.

Humanismo cristiano, Kairós 2001, 222 págs.

Incursiones en lo Indecible, Sal Terrae 2004, 176 págs.

La experiencia interior, Oniro 2004, 227 págs.

La montaña de los siete círculos, Mensajero 2023, 476 págs.

La oración contemplativa, PPC 1996, 155 págs.

La sabiduría del desierto, BAC 1997, 117 págs.

La vida silenciosa, Sudamericana 1958, 194 págs.

Los hombres no son islas, Sudamericana 1962, 240 págs.

Los manantiales de la contemplación, Sal Terrae 2019, 310 págs.

Nuevas semillas de contemplación, Sal Terrae 2003, 302 págs.

Oh, corazón ardiente, Trotta 2015, 214 págs.

Pensamientos en soledad, Sal Terrae 2023, 135 págs.

Tiempos de celebración, Sal Terrae 2013, 238 págs.

Vida y santidad, Sal Terrae 2019, 141 págs.

2. Selecciones de textos de Thomas Merton

JONATHAN MONTALDO (ed.), *Diálogos con el Silencio*, Sal Terrae 2005, 191 págs.

JONATHAN MONTALDO (ed.), *Un año con Thomas Merton*, Sal Terrae 2006, 381 págs.

FRANCISCO RAFAEL DE PASCUAL, *Escritos Esenciales*, Sal Terrae, 2006, 277 págs.

KATHLEEN DEIGNAN, *El libro de las Horas*, Sal Terrae 2009, 222 págs. Compilación de textos de Merton.

3. Escritos sobre Thomas Merton

FERNANDO BELTRÁN, *El verdadero viaje*, Sal Terrae 2015, 156 págs.

FERNANDO BELTRÁN, *La encendida memoria*, PUV, Valencia 2020, 227 págs.

RAMÓN CAO, *Ocultarse en una hoguera*, Eurisaces 2015, 431 págs.

JAMES FINLEY, *El palacio del vacío de Thomas Merton*, Sal Terrae 2014, 203 págs.

Mª CRISTINA INOGÉS, *La sinfonía femenina (incompleta) de Thomas Merton*, PPC 2018, 148 págs.

SONIA PETISCO, *Thomas Merton, pasión por la palabra*, PUV, Valencia 2018, 369 págs.

ÍNDICE

Siglas 7

Cronología de la vida y obras de Thomas
    Merton 9

Soledad sonora: Thomas Merton (1915-1968).... 17

Plegaria a mi Padre Dios 21

    1. Partir para regresar.................................... 23

    2. El alma de par en par 30

    3. Justo cuando amanece 37

    4. Transparencia del corazón 44

    5. Florecer dentro 51

    6. Lo bueno de compartir 58

    7. El espejo de la soledad 65

    8. La tienda del encuentro............................. 71

    9. Ráfagas de viento 78

10. Oscuridad luminosa 85

11. Signos del Misterio 91

12. El sentido es Amor 97

13. La belleza del *mandala* 103

14. Luz en la vidriera 110

15. Una vida narrada 117

Para saber más 123